新时代关于区域协调发展的再思考

侯永志　张永生　刘培林　等著

中国发展出版社
CHINA DEVELOPMENT PRESS

图书在版编目（CIP）数据

新时代关于区域协调发展的再思考/侯永志等著．—北京：中国发展出版社，2019．11

ISBN 978－7－5177－1072－1

Ⅰ．①新…　Ⅱ．①侯…　Ⅲ．①区域经济发展—研究—中国　Ⅳ．①F127

中国版本图书馆 CIP 数据核字（2019）第 237370 号

书　　　名：新时代关于区域协调发展的再思考
著作责任者：侯永志　等
责 任 编 辑：钟紫君
联 系 地 址：北京市西城区裕民东路 3 号 9 层　100029
标 准 书 号：ISBN 978－7－5177－1072－1
经　销　者：各地新华书店
印　刷　者：河北鑫兆源印刷有限公司
开　　　本：710mm×1000mm　1/16
印　　　张：11
字　　　数：130 千字
版　　　次：2019 年 12 月第 1 版
印　　　次：2019 年 12 月第 1 次印刷
定　　　价：49.00 元

联 系 电 话：（010）68990535　68990692
购 书 热 线：（010）68990682　68990686
网 络 订 购：http：//zgfzcbs.tmall.com
网 购 电 话：（010）68990639　88333349
本 社 网 址：http：//www.develpress.com.cn
电 子 邮 件：10561295@qq.com

DRC

2019

国务院发展研究中心研究丛书

“新时代关于区域协调发展的再思考”课题组

课题负责人：侯永志　张永生　刘培林

课题协调人：孙志燕　贾　珅

总　报　告：孙志燕　侯永志

专　题　一：贾　珅

专　题　二：李善同　何建武　唐泽地

专　题　三：宣晓伟

专　题　四：刘晓鸽

专　题　五：施戍杰　赵　丽

专　题　六：贾　珅

专　题　七：卓　贤　张　颖

专　题　八：刘云中

专　题　九：刘　勇

总　序

践行高端智库初心使命
推动中国经济长期稳定发展

马建堂

2019年是中华人民共和国成立70周年。这70年，是中国共产党领导中国人民艰苦奋斗、不懈努力的70年，是创造经济快速增长奇迹和社会长期稳定奇迹的70年，是经济社会面貌发生翻天覆地变化的70年。70年来，我国国民经济综合实力实现由弱到强、由小到大的历史性巨变，对世界经济增长的贡献大幅提升，国际地位和影响力显著提高；70年来，我国从一个积贫积弱的落后农业国，发展成为世界第二经济大国和第一制造大国，经济结构不断优化，经济发展质量效益不断提升；70年来，我国基础产业和基础设施快速发展，城镇化水平快速推进，为经济社会持续发展、为人民幸福奠定了坚实的基础设施支撑和保障；70年来，我国科学技术体系不断完善，各级各类教育全面发展，卫生健康事业不断进步，社会主义文化繁荣发展；70年来，民生不断改善，就业持续扩大，居民收入不断增加，社会保障基本实现全覆盖，人民生活从温饱不足正在走向全面小康。

抚今追昔、饮水思源，我国经济社会之所以能够发生如此巨大、如此深刻、如此震撼的历史性变化，归根结底是中国共产党的正确领导，归根结底是中国共产党带领中国人民走上了改革开放之路，走上了全面小康之路，走上了民族复兴之路。

党的十九大报告指出，我国经济已由高速增长阶段转向高质量发展阶段，正处在转变发展方式、优化经济结构、转换增长动力的攻关期。2020 年全面建成小康社会、实现第一个百年奋斗目标之后，我们将要乘势而上，开启全面建设社会主义现代化国家新征程，向第二个百年奋斗目标进军。在前进的新征程上，必然会面临一些新的挑战和困难，但更要看到，我国经济发展的基本面是好的、我国的制度是优越的、我们党的领导是坚强有力的，中国发展仍然处于并将长期处于重要战略机遇期，发展的动能和潜力仍然巨大，完全有条件、有能力保持长期稳定增长，并实现高质量发展。

中国的发展潜力来自雄厚的物质基础和完备的产业体系。经济发展的基础是劳动力、土地、技术、资本、管理、数据等生产要素及其有效组合，这些要素及其组合的演变形成推动经济发展的内在机制。新中国成立 70 年、改革开放 40 多年特别是党的十八大以来，我国积累了雄厚的物质基础，建立了完备的产业体系，劳动力、资金、基础设施等生产要素都具有充裕的储备和较高的质量，社会主义市场经济体制又能有效地把这些要素调动和组织起来，从而为经济持续增长打下坚实基础，不断形成和释放出巨大的潜力。

中国的发展潜力来自巨大的市场规模和需求扩张空间。一方面，我国的市场规模巨大、内部结构复杂，有利于形成形态更高级、分工更复杂、结构更合理的经济体系。另一方面，我国经济发展尚不平衡，城乡、区域发展差距仍然较大，必须加快解决发展不平衡不充分的问题。推动平衡发展，意味着巨大的社会总需求和经济结构优化，这无疑将激发出强劲的发展动能。

中国的发展潜力来自新一轮科技革命的推动和新动能的快速成长。近年来，我国大力实施创新驱动发展战略，科技投入持续增加，在生命科学、绿色能源开发、农业生产、信息技术等许多领域的关键环节和核心技术上取得重大突破，有的已经达到世界领先水平。同时，我国新产业、新业态、新商业模式等“三新”经济加快成长，更好地满足了人民日益增长的美好生活需要，也为经济长期发展注入了强大内生动力。我们完全能够抓住全球新科技革命的机遇，为经济增长赋予全新的动能。

中国的发展潜力来自不断创新完善的宏观调控体系。党的十八大以来，我们党不断加强和改进对经济工作的集中统一领导，在宏观经济政策方面提出了高质量发展这个“总纲”，形成了以新发展理念为指导、以供给侧结构性改革为主线的政策框架，形成了稳中求进工作总基调。在科学的宏观调控下，近年来是我国经济增长稳定、波动最小的时期，同世界其他大国经济运行状况形成鲜明对比。今后一个时期，宏观经济政策将更加注重强化高质量发展的目标引领，突出统筹兼顾、综合平衡，在区间调控的基础上加强定向调控、相机调控、精准调控，能够更好地为我国经济发展保驾护航。

中国的发展潜力来自高水平对外开放和推动构建人类命运共同体。近几年来，面对国际经济环境复杂严峻、少数国家逆流而动的形势和背景，我们保持战略定力、增强发展信心，在国际竞争中拓展发展新空间、推进自主发展。同时，坚定不移奉行互利共赢的开放战略，全方位扩大并推动更高水平对外开放。我们还继续发挥负责任大国作用，积极参与国际经贸规则制定，主动提供国际公共产品，为全球治理体系改革和建设贡献中国智慧、中国方案。这些努力，既有利于世界各国共同发展，也有利于增强我国的国际规则制定权，为经济发展争取更大空间。

综上，中国经济发展有巨大的潜力，有独特的优势。而贯穿各个方面始终的最为根本性的因素，是中国共产党的坚强领导。我们应对当前世界百年未有之大变局、保持中国经济长期平稳健康运行、释放经济发展巨大潜力，最大优势仍然是党的领导。党的十八大以来，我们党形成了以习近平同志为核心的党中央的坚强领导，产生了习近平新时代中国特色社会主义思想这一新时代伟大实践的行动指南，全面从严治党让党变得更加坚强有力，这是我们有效应对一切风险挑战的根本保障。只要我们保持战略定力，坚持办好自己的事，就一定能够克服前进道路上的一切困难挑战，抵达中华民族伟大复兴的光辉彼岸。

国务院发展研究中心是党领导下的国家高端智库，必须按照习近平总书记的要求，把党的初心和使命铭刻于心、践之于行，自觉担负起党中央、国务院赋予的神圣职责，在以往成就基础上接续奋斗。过去30多年来，国务院发展研究中心在事关改革开放和现代化建设的重大方向、目标及战略举措方面，完成了若干具有重要价值和重大影响的研究成果，提出了大量切实可行的政策建议，为推动中国经济社会发展作出了贡献。今后，国务院发展研究中心要继续坚持为党咨政、为国建言、为民服务，不断为党中央、国务院提供高质量高水平的政策建议和咨询意见，这是我们义不容辞的责任。

2018年以来，国务院发展研究中心自觉坚持以习近平新时代中国特色社会主义思想为指导，紧紧围绕党的十九大作出的一系列重大决策部署，深入扎实地开展调查研究，形成了一批政策价值较高、社会影响较大的研究成果。这套“国务院发展研究中心研究丛书2019”就是部分代表性成果的集中展现。丛书共包括14部著作，其中，《高质量发展的目标要求和战略重点》《波澜壮阔40年——我国改革开放40年回顾、总结与展望》2部著作是国务院发展研究中心重大研究课题报告；《新时代关于区域协调发展的再思考》《走城乡融合发展之路》《平台经济的发展与规制研究》等9部著作是各研究部（所）的重点研究课题报告；另3部著作是专项、招标课题报告。

"国务院发展研究中心研究丛书"自2010年首次面世以来，已经连续出版了整整十年。十年来，丛书累计出书143种（148册），成为我国智库业界的知名出版物，受到社会各界读者，特别是中央和地方各级领导同志以及政策咨询研究机构工作人员的高度关注和广泛好评。在此，我谨代表国务院发展研究中心和丛书编委会，向广大读者表示真诚的感谢，也希望丛书继续得到领导、专家、读者们的关心、指导和帮助，促使我们在今后决策咨询等工作中取得更大进步，为实现"两个一百年"奋斗目标、实现中华民族伟大复兴的中国梦贡献更多智慧和力量。

2019年11月

（作者为国务院发展研究中心党组书记、研究员）

专题三

专题四

专题五

专题六

专题七

专题八

专题九

内容摘要

十九大报告提出，我国社会主要矛盾已经转化为人民日益增长的美好生活需要和不平衡不充分的发展之间的矛盾。发展的“不平衡”首先体现在地区之间的不平衡，而这种不平衡在技术进步、全球化、人口老龄化、结构转型等多种因素的影响下呈现出更复杂的变化趋势。

本课题包括一个总报告和九个专题报告。重点从全球价值链分工、区域人口平衡、区域经济增长格局、中央与地方关系、城镇化、国家治理等不同角度开展相关研究，在历史比较和国际比较的基础上，深入探讨了新时期我国促进区域更加平衡发展的路径与政策。主要结论和政策建议如下：

第一，区域平衡发展主要是指地区之间在发展结果、发展能力和发展机会三个层面的平衡，这三个“平衡”并非平行并重的关系，“机会平衡”是底线要求，“能力平衡”是基本要求，“结果平衡”是最高要求。而实现“结果平衡”的关键在于各地区之间发展“机会”和发展“能力”的平衡。

第二，当前我国区域发展“不平衡”需要重点关注的趋势为：自2014年之后，省级层面人均GDP最大最小值的绝对差距和相对差距都再次扩大，而省级层面的地区生产率差距自2008年之后持续扩大；随着经济发展水平差距的扩大，地方用于公共服务的财政支出出现了不同程度的结构性分化；资本在空间上的集聚度不断提高，人口分布的结构性不均衡特征更加显著，部分欠发达地区“未富先老”的现象凸显。技术进步、地区间税源结构和财政能力的分化以及区域政策不完善等因素是造成区域不平衡发展的主要原因。

第三，本报告综合国际区域发展经验和国内不平衡发展的实际情况，提出了促进区域平衡发展的若干政策建议。主要包括：突破原有的区域板块和行政区的发展格局，着力打造跨行政区和区域板块的经济区，通过中心城市和城市群与经济区的耦合效应带动更多地区加快发展；区域政策的重点要从政策工具的组合优化转向构建以利益共享为核心的区域协调发展机制，着力破解发达地区“虹吸效应”的难题；加快地区间公共服务供给方式的创新和公共服务资源空间配置方式的改革，将推进公共服务均等化作为区域平衡发展的首要任务；延伸和拓展全球价值链的国内环节，以国内区域价值链分工的协同升级推动区域平衡发展；按照影响范围原则来区分不同层级政府的责权利关系，切实加强中央在促进区域平衡发展中的事权和支出责任；以区域中心城市为依托，集中统筹资源推动欠发达地区区域创新中心建设，加快培育欠发达地区区域增长新动能；加强对落后地区的支持力度，增加区域间机会均等化等。

总报告

促进区域更加平衡发展的战略与政策研究

十九大报告提出，我国社会主要矛盾已经转化为人民日益增长的美好生活需要和不平衡不充分的发展之间的矛盾。发展的“不平衡”首先体现在地区之间的不平衡，而这种不平衡在技术进步、全球化、人口老龄化、产业结构转型等多种因素的影响下呈现出不断加剧的趋势。这不仅表现在地区之间经济发展水平的差距扩大，福利水平、发展能力等方面的差距也都出现了不同程度的扩大，导致相对落后的地区有可能陷入低水平的发展“陷阱”，地区性的财政风险、社会风险等加剧；相对领先的地区又可能由于经济活动和人口的过度聚集而引发严重的生态环境、交通拥堵等问题，既不利于整个国家资源要素空间配置效率的改进，也不利于经济社会可持续健康发展。鉴于此，本课题针对我国当前区域发展不平衡的主要特征，从区域发展内外条件的变化、政策以及制度等方面分析了“不平衡”形成的内在机制，并围绕“如何在国家整体资源配置效率最大化的前提下实现区域更加平衡地发展”，提出了相关的政策建议。

1 如何理解和认识区域平衡发展的内涵

地区差距是各国区域发展中普遍存在的现象，并且是长期存在的发展问题之一。如何理解和面对这一问题，理论上也有不同的观点。早期有学者（以赫希曼为代表的不平衡增长理论）提出，发达地区的经济增长对落后地区具有极化和溢出两种效应，会自动形成一种均衡。近期越来越多的学者关注到，在一个开放动态的经济社会系统中，各地区的发展并非简单的守恒或者均衡，还存在着较强的“累积循环”效应。即当经济活动偏离初始的均衡状态之后，市场自身的力量不但难以调节到均衡状态，还会在规模效应的影响下加剧这种非均衡的状态。因此，在区域差距扩大的过程中，需要制定一系列的区域政策，缓解区域差距的扩大。

从各国近期区域发展的实践来看，多数国家越来越重视地区间的平衡发展问题。以 OECD 33 个成员国为例，对比各国实施的区域政策中最优先的政策目标中，基本上都和区域平衡发展相关，其中有 24 个国家将“促进地区平衡增长”作为了本国区域政策中的首要目标（如图 1 所示）。再如，欧盟建立了凝聚政策（cohesion policy）框架，韩国的平衡经济发展政策（balanced economic development）、土耳其的一体化城市发展战略（Integrated Urban Development Strategy 2010 ~ 2020）、日本 2050 空间发展战略等。实施的政策措施中，除了强调要缩小地区间人均 GDP 的差距，还有一个显著趋势是更加强调“区域公平”和释放更多地区的增长潜力，进而带动整个国家的经济增长。

由此可见，区域平衡发展已成为区域发展理论和区域政策领域中的重要议题。具体可从三个层面来理解区域平衡发展的内涵。

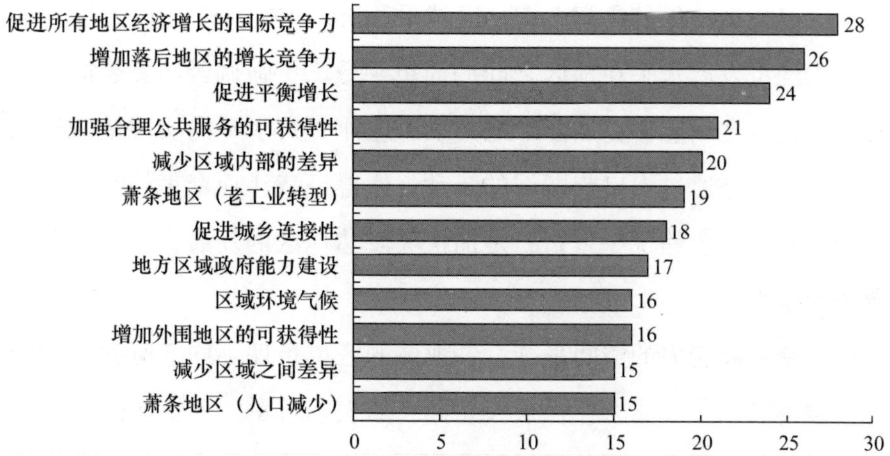

图1　OECD 33 个国家最优先的区域政策比较

资料来源：《OECD regional outlook 2016》。

表1　　　　典型国家促进区域平衡发展方面的政策

国　家	国家层面的区域战略或框架	主要区域政策
英　国	无总体框架 地方增长白皮书：实现每一个地方的潜力（2010）	战略目标是释放潜力，通过与地方政府建立具体的伙伴关系，让地方行动者有更多空间来参与区域发展
美　国	无总体框架	重点集中在萧条地区的基础设施建设上； 从补贴转向投资，从干预转向伙伴关系； 加强联邦一级对基于地方的区域政策方法应用
日　本	2050 年国家空间发展总体规划（2014） 《国家空间规划法》(2015)	经济区域化应对人口挑战，建立经济特区
韩　国	2000～2020 年全国国土综合规划	经济区域化和产业专业化，平衡地区增长是首要目标
法　国	国家区域规划合同（2014～2020 年）	区域政策的主要工具是基础设施投资和集群 实施地方财政改革，减少对地方政府的转移
德　国	无总体框架 德国区域政策的核心是区域经济结构改进	区域经济结构改进基金直接用于援助企业，然后是商业基础设施； 联邦政府强制性控制地区差距
土耳其	第十次国家发展规划（2014～2018 年）	注重竞争力，通过基础设施（基本设施、交通和研究设施）和空间与社会经济政策促进区域平衡发展

一是发展结果的空间平衡。区域平衡所追求的并非是以人均 GDP 衡量的经济发展水平在地区之间的简单一致。更强调经济发展的成果在不同地区之间能够更加公平地共享。这种“共享”的实现依赖于两条路径：一是通过人口跨区域的流动，使得经济活动聚集的空间与人口聚集在方向上趋于一致；二是加快欠发达地区的发展，提高其公共服务的水平。

二是发展能力的空间平衡。各地区的区位条件不同、所拥有的资源要素不同，发展能力存在很大差异。如表 2 所示，一个地区的发展能力不是单一因素，而是包括财政能力、行政管理能力、信息获取等多个方面。地区发展能力的差距表现在不同方面，不同能力方面的差距需要不同的区域政策工具来调节。这就需要针对不同地区实施有针对性的地区导向型政策，改进相对落后地区的发展能力，引导资源要素在不同发展水平的地区之间更合理地流动，打破要素在空间上的循环累积和规模积聚的机制，进而形成更稳定、更可持续地均衡发展状态。

三是发展机会的空间平衡。对每一个地区而言，资源禀赋条件不同，发展路径不同，但都应享有平等的发展权利。部分地区之所以相对落后，是多方面因素综合作用而形成的结果，并不代表这些地区不具备发展的条件和潜力。因此，从国家政策导向和资源配置上，要为不同地区创造更加平等的发展机会，使得各地区的发展潜力都能充分地释放。这对于实现国家资源配置效率最大化，促进经济、社会长期稳定发展具有重要的意义。

上述三个“平衡”并不是平行并重的关系，“机会平衡”是底线要求，“能力平衡”是基本要求，“结果平衡”是最高要求。而实现“结果平衡”的关键在于各地区之间发展“机会”和发展“能力”的平衡。从各国区域发展的进程来看，即使实施了多项平衡发展的政策，实现区域平衡发展也非易事。但如果没有这些政策，区域发展的失衡无疑会更加严重，必将对国家整体的发展产生不良影响。因此，在区域发展中要重视上述三个层面的平衡，尤其是能力和机会方面的平衡。目前我国所处的发展阶段决定了还不能把结果平衡作为近期的目标，需要把地区之间的能力平衡和机会平衡作为促进区域平衡发展的首要政策目标。

表 2　　地区发展能力的差距与对应区域政策工具的选择

发展能力	涵　义	区域政策工具
获取信息的能力	不同地区信息的不对称，获取信息的渠道和质量方面的差距	建立不同层级政府与不同地区政府之间的信息共享平台
创新能力	科研设施、交通设施、信息、公共服务设施，地方发展战略设计的能力	更高层面的一体化布局
财政/融资能力	地方财政收入的差距、公共服务提供成本的差距	需要在区域层面建立共享金融机制
政策制定能力	部门政策和地方性政策之间的协调	需要在不同层级政府和不同区域之间建立纵向和横向的政策协调机制
地方行政管理能力	对本地区经济社会事务，包括行政审批、税收、交通、公共安全等方面的治理能力	简化行政程序、提高信息化水平、合理规模的控制
发展目标和定位选择	地区发展目标和定位的选择与市场和自身等条件因素的匹配性、可执行性、先导性	需要国家整体空间规划的引导和一体化的空间设计

2　当前我国区域发展不平衡的主要特征

与上一发展阶段相比，当前我国的区域发展不平衡不仅表现在经济发展水平方面的差距，更突出的是地区之间发展能力的不平衡，以及资本和劳动力等要素空间分布上的结构性不平衡。这种“不平衡”不完全是要素在空间配置上追求利润最大化的一种结果，也有政策不完善、市场机制扭曲导致要素“空间错配”。如果不及时采取有效的政策措施加以干预，整个国家的空间体系将会出现更加严重的失衡，不利于国家经济的可持续发展。具体体现在以下三个方面。

2.1 地区间经济发展水平和生产率的差距持续扩大

从经济发展水平的不平衡来看，需要重点关注两个方面的特征和趋势：一是自 2014 年之后，省级层面人均 GDP 最大最小值的绝对差距和相对差距都再次扩大。如图 2 所示，2017 年人均 GDP 最高的省份与最低省份的比由 2014 年的 3.9 倍扩大至 4.5 倍。此轮差距扩大的重要原因之一是相对落后地区经济转型普遍要慢于发达地区。2014 ~ 2017 年，人均 GDP 最高的地区年均增长 7.0%，而人均 GDP 最低的地区同期年均增长为 2.5%。

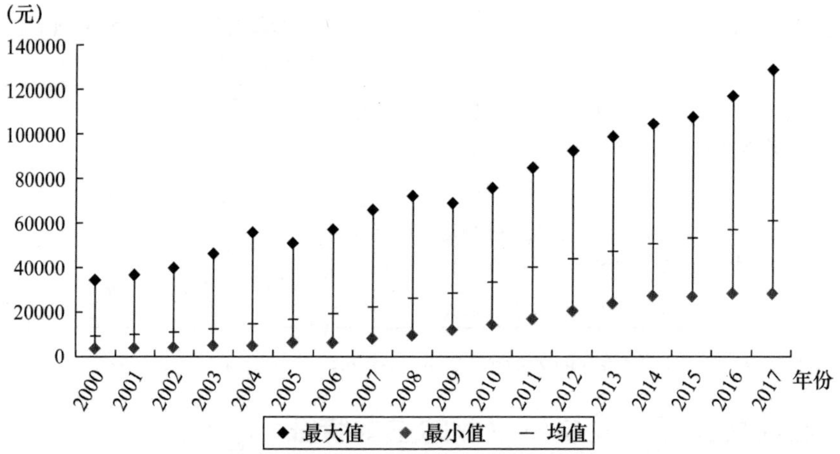

图 2 2000 ~ 2017 年人均 GDP 差距

资料来源：根据《中国统计年鉴》计算。

二是地区之间生产率的差距自 2008 年之后持续扩大。本报告用就业人口（包括城镇单位就业和私营企业、个体等）的人均 GDP 对不同省份的生产率进行了初步地估算。如图 3 所示，2017 年我国省级层面生产率最高与最低值之比由2008年的2.5倍扩大到3.8倍。相对落后地区的生产率在2008～2017年生产率增长非常缓慢，最低省份的增长还不到2%。2014年之后，部分地区生产率还呈现出下降的趋势。内蒙古、甘肃等地区下降趋势尤为明显。地区生产率水平的高低与一个地区居民收入和地方财政能力都密切相关，生产率持续的低增长将可能导致地区福利水平的下降。

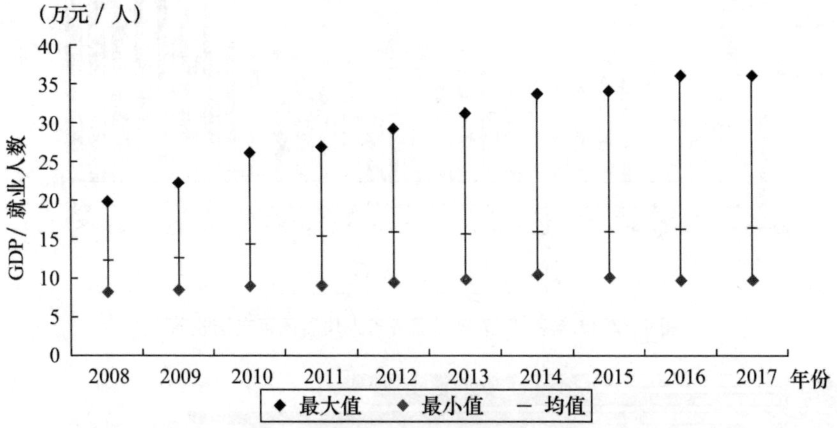

图3　省级层面空间生产率差距的演变（2008～2017年）

资料来源：根据中国统计年鉴估算。

2.2　地区间居民收入和福利水平存在较为显著的差异

本报告重点从人均可支配收入、人均财政支出结构和信息网络基础设施等方面比较了各地区福利水平的差距。如图4所示，2013～2017年，我国地区之间居民人均可支配收入最大最小值的绝对差距扩大了1.4倍，最低省份大约相当于最高省份的1/4。同时，由于经济发展水平差距的扩大，地方用于公共服务的财政支出也出现了不同程度的分化。首先从所比较的一般公共服务、教育、医疗、文化、社会保障和就业等方面的人均财政支出水平来看，文化领域的支出差距最大，最高省份大约是最低省份的9.5倍，其次是社会保障和就业领域的人均财政支出水平，最高与最低之比大约是 4.5 倍。总体上，经济发展水平越高的地区，用于教育和社会保障的人均财政支出水平就越高，在某种程度上反映了不同地区可享有的公共服务水平的差距。

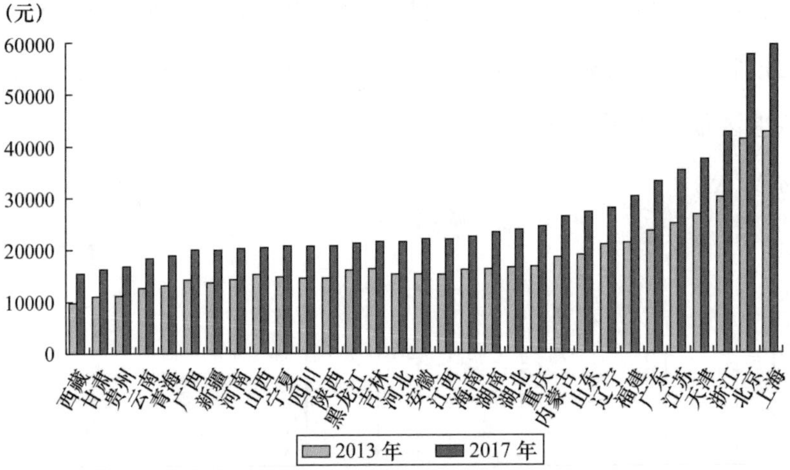

图 4　2013 年和 2017 年我国各省人均居民可支配收入

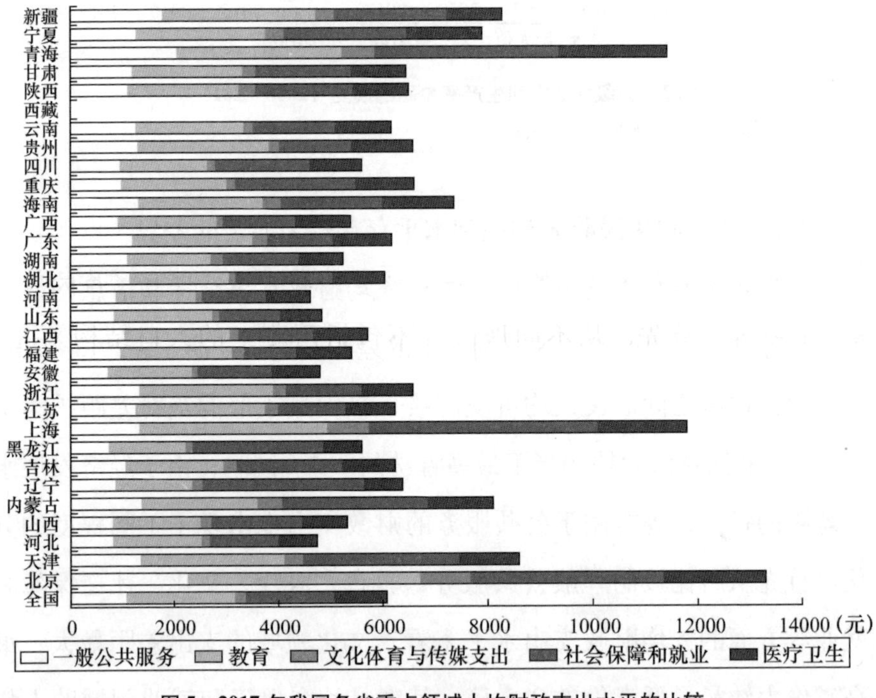

图 5　2017 年我国各省重点领域人均财政支出水平的比较

除了上述两方面之外，地区之间基础设施的水平还存在显著差距。以互联网基础设施为例，2017 年，广东、上海、北京等发达地区的互联网普及率都超过了 70%。同期，云南、甘肃、贵州等地区的互联网普及率都在 40% 左右。如图 6 所示，越是经济发展水平高的地区，互联网普及率越高。基础设施落后已成为欠发达地区经济转型加快发展的重要因素。

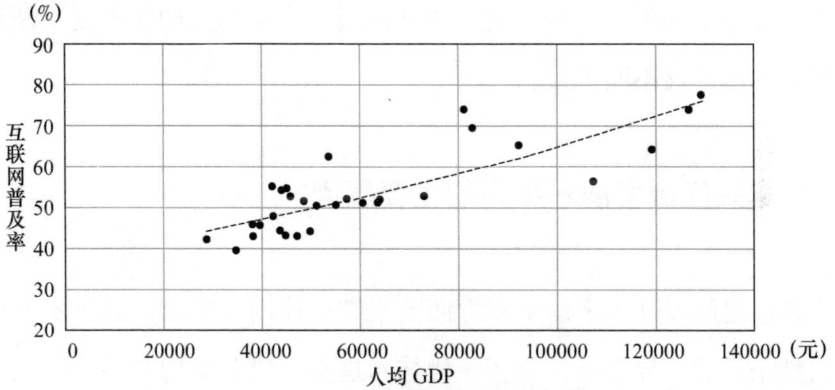

图 6　2017 年各省互联网普及率比较

2.3　人口、资本等要素空间结构不平衡的特征更加显著

由于产业结构调整和人口老龄化的加剧，我国不仅在经济发展水平上出现了差距扩大的趋势，人口、资本等要素的空间结构也表现出较大的差异。首先，从不同地区（不包括西藏）的人口结构来看，2017 年我国老年人口抚养比最高的重庆已达到 20.6%，广东最低是 10.2%。在 2005～2017 年期间，地区间的差异更加显著，老年人口抚养比最高的省份与最低省份之比扩大了将近 1 倍。安徽、四川、湖南等经济发展水平尚存在一定差距的地区，老年人口的抚养比都超过了 17%。这反映出我国人口结构在空间上的差异，而这种差异不仅对地方财政能力和经济增长的动力有重要的影响，人口结构的改变也会影

响到一个地区市场规模和消费结构，对地方产业的转型带来更大的挑战。

再从近期我国投资的空间格局来看，2010～2017 年，全社会固定资产投资新增部分，将近 25% 的比例流向了山东、江苏和河南等省份，同时辽宁、山西两地全社会固定资产投资出现了绝对量的下降。从各地区新增全社会固定资产投资所占的比重来看，排名后 10 位的省份所占比重之和不足 10%。这表明我国资本在空间上的集聚度不断地提高，地区差异不断扩大。

3 近年来区域发展不平衡的主要原因

地区之间发展不平衡是多方面因素综合作用的结果，除了不同地区自然条件的差异之外，与新一代技术进步、产业结构调整、区域政策等因素也密切有关。主要体现在如下方面：

3.1 新一代技术进步导致要素在空间上的规模集聚效应增强

以信息网络技术为核心的新一代技术进步，对要素空间布局最显著地影响是通过降低物流成本和制造成本，使得空间集聚的成本下降。由此造成了资源要素，尤其是优质资源要素在空间上集聚规模的扩大。从国家整体层面来看，2016 年制造业就业的空间集中度 CR 10（就业总量排名前 10 城市占所统计的 286 个地级及地级以上城市的比重）为 27.8%，比 2006 年略有提高。东部地区仍是制造业主要聚集区，占全国制造业就业的比重在 2006～2016 年期间基本稳定在 60% 左右。信息传输、计算机服务和软件业、租赁业和商务服务业和科学研究、技术服务和地质勘查业等行业就业的空间集中度 CR 10 分别为

55.4%、52.2%和44.8%，其中信息传输、计算机服务和软件业的就业空间集中度比2006年提高了18个百分点，是所比较行业中增幅最大的行业。从新增就业的空间分布来看，2006~2016年期间，上述三个行业中超过1/3的比重仍流向了北京、上海等优势地区，空间循环累积效应最为突出。随着各地区逐步向以服务业为主的产业结构调整，经济活动在空间上的集聚将进一步增强，区域不平衡的状态也会随之加重。

3.2　财政能力的差距是造成地区发展不平衡的重要因素

由于产业结构调整导致税源结构变化，不同地区不仅财政收入水平的差距扩大，结构失衡也在加剧。2017年，贵州、海南税收收入中，与土地相关的税收（主要包括房产税、城镇土地使用税、土地使用税、耕地占用税）所占比重接近30%，这种过度依赖土地资源的税收可持续性较低，不利于地方财政的稳定。

再从税收收入占GDP的比重来看，地区之间的差距也是较为显著。如：上海、北京等高新技术产业和现代服务业相对发达的地区，都接近20%的水平，而对于黑龙江、吉林、河南等地税收收入占GDP的比重都在6%以下。地区之间企业所得税的差距更加显著，2017年，上海、北京所得税收入占其GDP的比重都接近5%，而湖南、黑龙江等地都在0.6%左右。这些指标实际上反映了地区发展质量和可持续性。一些相对落后的地区，如青海、甘肃等地财政收支差占GDP的比重都已超过30%。这种差距的扩大势必影响到地区发展能力的改进，并且会造成区域性财政风险的集聚，亟需在国家层面建立财政能力的平衡机制（如图7和图8所示）。

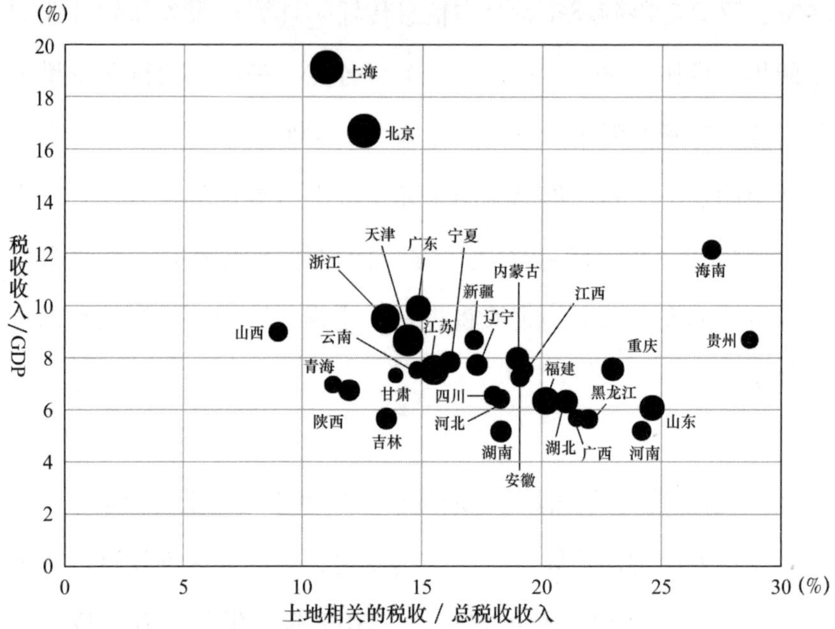

图 7　2017 年各省税收收入总体水平与结构比较（圆圈大小代表人均 GDP）

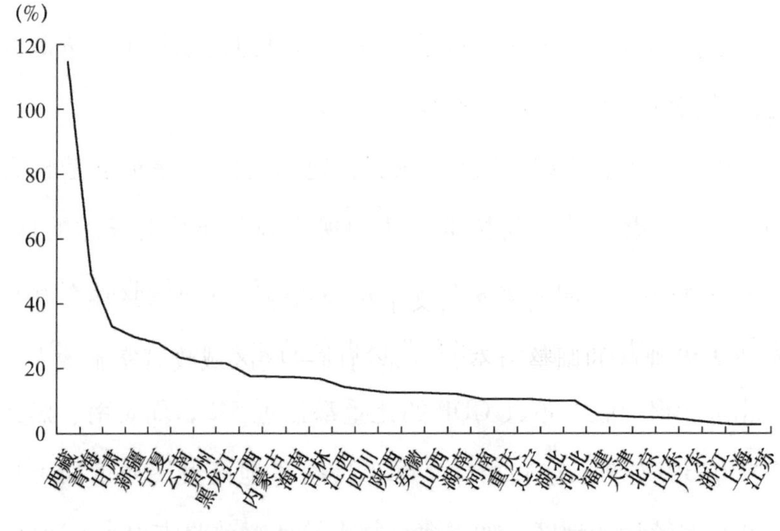

图 8　2017 年各省财政（支出 – 收入）/GDP 的比较

如果再叠加上各地区人口结构的差异以及就业人口向经济发达地区流动的基本趋势，我国地区之间的财政能力差距将会更加严重。一些地区“未富先老”，发展能力必将受到一定影响。

3.3　区域政策工具创新不够，地区性政策缺乏横向协调

目前我国的区域政策主要是以东中西和东北四大板块为基础而设计实施的，包括产业空间布局的导向型政策，仍沿袭传统工业化发展的思路，过度强调一个地区的资源和地理区位条件，在很大程度上造成了地区之间分工的固化和产业链的裂化，发达地区和相对落后地区之间不能建立起有效的辐射—承接的通道。落后地区在新兴产业的发展领域既缺少实质性的政策支持，也得不到发达地区的辐射带动作用，被进一步锁定在资源型产业或者中低端产业领域，难以实现赶超发展。

具体有两方面问题较为突出：一是地区性政策数量多，但相互之间在地区选择、优先性、政策调整的周期频率、政策的延续性等方面缺少统筹设计，造成政策在执行过程中相互“抵消”、相互“冲突”。如：沿边开发开放实验区政策与自贸区政策、东北振兴与京津冀、长三角一体化、港珠澳大湾区等空间战略的协调，尽管这些战略都是针对不同地区，有不同目标和不同政策导向，但经济体系是高度开放的，相互之间有着不可忽视的影响和联系。如果不同区域战略在实施时间和差异性的政策安排上缺乏统筹协调，就可能造成要素总是向先发地区流动和聚集，后发地区虽然名义上也享有大量支持性政策，但实际上滞后于先发地区的调整节奏，这是当前一些区域政策实施效果不理想的重要原因。二是一些普适性政策“一刀切”，缺乏对地区特殊性的考虑。最典型的就是环保政策，如传统工业为主的城市，其环境问题是长期积累下来的，治理和恢复都需要一定时期，但由于某些政策针对当期，导致一些地区在引进新的高新技术项目时，面临着已无环境容量额度的制约，配套政策又缺失，导致这些地区的转型陷入进退失据的困境。

3.4 部分地区性政策缺乏基于全国的一体化设计，对地区之间的低效竞争缺乏必要的约束机制

我国在制定和实施一些区域政策的同时，往往过于强调区域之间数量上的平衡，强调要发挥市场竞争机制的作用，而忽视了资源配置的整体效率和区域政策总体目标的优化。最突出体现在新区、工业园区、产业园区、物流园区、创新试验区等各类园区的布局上。以国家级高新区为例，目前我国在国家层面上共有169家国家级高新区，除了西藏之外，各省区都有，高新区的主导产业基本上都集中在信息技术、新能源、新材料、装备制造、生物医药五大类，产业趋同现象较为明显。这种趋同不仅存在于高新区之间，与其他类别的园区也较为相似。园区之间的同质化竞争不断加剧。

由于发展环境和条件的改变，相对落后地区在土地、劳动力等要素方面的低成本优势明显趋于减弱。地区之间在优质要素领域的竞争更加激烈。以近期各地区的“人才大战”为例，如广州出台的《关于加快集聚产业领军人才的意见》中提出5年投入35亿支持引进领军人才，比中西部地区的一些地级市全年财政预算收入都高。再如深圳对领军人才奖励补贴最高达600万元，而兰州对领军人才的奖励最高是10万元①。在这样的竞争格局下，相对落后的地区既不具备任何竞争的优势，也没有参与竞争的基本能力。如果在国家宏观层面上缺乏必要的协调约束机制，这些地区的发展必将陷入困境。

---

① 资料来源：《兰州市委关于全面加强人才工作的实施意见（2018）》和《关于深圳市高层次人才奖励补贴发放有关事项的通知》。

4　促进区域更加平衡发展的路径与对策建议

目前我国区域发展不平衡的形成，既有技术进步导致要素集聚的原因，也有上一阶段区域政策导致要素配置在空间上形成“循环累积效应”的原因。因此，解决当前区域不平衡发展的问题是一个长期的任务，需要根据新的发展条件，区域经济发展的内在需求，调整区域政策的重点，优先采用那些能够为欠发达地区创造更多发展机会和改进其发展能力的政策工具（如图9所示）。

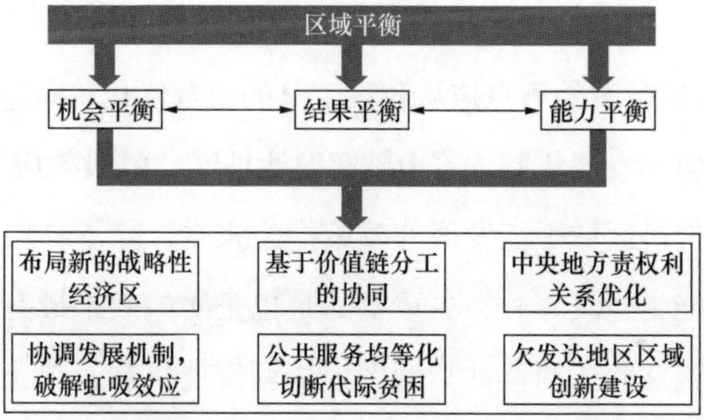

图9　促进区域平衡发展的重点政策工具

4.1　突破原有的区域板块和行政区的发展格局，着力打造跨行政区和区域板块的经济区，通过中心城市和城市群与经济区的耦合效应带动更多地区加快发展

长期以来，我国区域战略的安排多是以东中西和东北四大板块为基础。这种安排在一定程度上弱化了地区之间的联系，造成了地区之间分工格局的固化，不利于解决区域发展不平衡的问题。此外，从我国当前的区域格局来看，以京津冀、长三角、珠三角等城市群为点，以主要交通干线形成的沿海经济带、长江经济带、陇海兰新经济带等

为轴的空间布局已基本形成。未来优化国家空间布局的战略重点要逐步转向“面”的建设，即以加强“点—线—轴”联动为导向，在有条件的地区布局新的战略性经济区，尤其是中西部欠发达地区和创新资源相对聚集的区域，构建以经济区为辐射面连接中心城市、城市群和经济带的多层次网络空间格局。这样既可以吸引生态敏感地区和那些不适合生活生产地区的人口、产业向其他更适宜的地区转移集聚，从根本上解决我国部分地区生态环境恶化的问题，也可以加快引导资源要素向条件具备的潜力地区转移，进而实现区域更加平衡的发展。

4.2 区域政策的重点应从政策工具的组合优化转向建立基于利益共享的区域协调发展机制，着力破解发达地区“虹吸效应”的难题

从各国促进区域平衡发展的政策措施来看，除了要加强相对落后地区的发展能力建设之外，更重要的是也是实施效果最有效的，就是在地区之间建立基于利益共享的区域协调发展机制，在获得规模积聚效率的同时又能兼顾到区域公平。重点包括两个层面：一是以推动财政能力均衡为着力点，以城市群或者大都市区为基本空间单元构建区域协调治理机制。大都市区（城市群）是当前区域发展中主导的空间形态，其优势在于实现更高集聚规模效率的同时能够通过区域内部分工的深化降低集聚成本，但分工的深化也会造成区域内部发展差距的继续扩大。这是要解决的核心问题，而最关键的则是区域内部财政能力的均衡。可借鉴国际经验，采取以下政策措施：探索建立更加多元的大都市区（城市群）地方税体系，平衡区域内部的财政收入能力；建立一体化的大都市区（城市群）公共设施融资机制，满足不同功能区的融资需求；建立大都市区（城市群）内部以公共服务均等化和更

高水平公共服务为目标的横向财政转移机制，减少地区之间的税收竞争等。二是以大都市区（城市群）为政策空间的基本单元，构建土地资源配置和土地利用决策的一体化机制。按照区域空间规划的总体设计，通过对区域内土地资源用途和收益的统筹，改变当前土地指标参照各地区经济总量的配置方式，在地区间建立一体化的决策机制，改变目前土地资源碎片化使用，在提高整体利用规模效率的同时，也可以减少地区之间的竞争，缓解区域内的环境问题。

表3　不同国家近期实施的区域协调机制

形　式	协调机制	典型国家
授　权	将责任下放给给地方政府，帮助地方政府逐步建立执行区域政策的能力 在权力下放的早期阶段，授权合同可能涉及所有缺乏专门知识的区域	法国在区域化进程中，采用了国家区域合同，最初是为了建设区域能力。该合同是经选举产生的区域（和地方）当局与代表中央政府及其区域各级各部的区域“省长”之间长期谈判的结果。在实践中，各方就具体任务的目标、执行和经费达成协议 《意大利南部协定》（2016）以实现经济增长、就业和环境可持续性目标。规定了各地区的优先事项、执行行动和责任
代表团	中央政府制定目标并授权有能力的地方政府代表团执行具体任务，是假定区域和地方行动者更有能力在地方一级执行国家政策的基础上	英国是中央政府和地方政府之间的跨政府安排，将中央一级的权力和资源分配给城市地区和大都市区等一级的政府，由其具体执行
政策共享机制	中央和地方政府开展合作，目的是实现有重叠但不完全一致的政府责任。政策共享机制实际上是创建了不同层级政府和不同区域政府之间的对话、共同决策、集体创新的平台	西班牙是通过中央政府与各自治地方的合作协定实现，主要是在各部门基础上实施 荷兰2016年由中央政府组织基础设施和环境部、三个地区水务部门、五个城市（海牙、多德雷赫特、古达、鹿特丹和兹沃尔）以及七个专业研究中心和公司签署《气候协议》，共同推动城市气候环境的改进

资料来源：根据相关资料整理。

4.3 加快地区间公共服务供给方式的创新和公共服务资源空间配置的改革，将推进公共服务均等化作为区域平衡发展的首要任务

经济活动在新技术革命的推动下持续集聚的趋势短时期内难以改变。这就意味着地区经济发展水平的差距在相当长时期内都将存在。因此，我国实现区域平衡发展的首要任务是完善公共服务资源配置的相关政策，促进不同地区的居民能够通过不同的方式、不同的路径获得水平大体一致的公共服务。第一，基于新的区域结构优化公共服务设施的空间布局。可借助新技术和大数据分析，结合我国在新的发展阶段人口流动和空间格局的变化趋势，对不同地区不同领域的公共服务需求规模进行更加科学准确地预测，在此基础上优化教育、医疗、住房、交通等公共服务设施的一体化布局。改变传统地区之间公共服务资源的配置方式，建立以“城市—区域”为基本空间单元的公共服务资源配置体系。第二，利用信息技术创新公共服务的提供方式。消除医保、教育等方面在不同地区之间和城乡之间的政策壁垒，加强对远程医疗、远程教育的政策支持力度，推动公共服务设施资源在更广的空间范围内的共享，提高公共服务资源的规模利用效率，以此实现不同发展水平地区公共服务的均等化水平。

4.4 延伸和拓展全球价值链的国内环节，以国内区域价值链分工的协同升级推动区域平衡发展

改革开放以来，中国通过不断提升全球价值链分工的参与程度，快速融入全球经济，推动经济的高速增长。但我们在全球价值链分工中参与的环节仍然处于低端，获益能力仍然较低。从区域角度来看，参与的全球价值链在国内的环节较短，更多地表现为东部沿海地区的直接参与，而中西部和北方地区只能通过能源、资源的生产间接参与。

推动我国产业迈向全球价值链中高端，控制区域差距的扩大，需要深化国内价值链分工，培育更多能够引领价值链分工的跨区域企业，延伸和拓展全球价值链的国内环节，让中西部地区能够更加深度地参与全球价值链分工和国内价值链分工，促进不同区域价值链分工的深度融合和协同升级。

4.5　按照影响范围的原则来区分不同层级政府的责权利关系，切实加强中央在促进区域平衡发展中的事权和支出责任

按照影响范围的原则来划分各级政府的责权利关系，既能有效保障地方政府的自主权限，又能促进中央政府的约束能力，它一直是推进中央地方关系改革的重要方向，符合事权划分的理论要求和国际上许多成功国家的经验，也是推进我国区域平衡发展的关键。但目前的中央地方关系以及由此派生出的“中央决策、地方决策”模式和“部门同构、事权共担”体制，不利于按影响范围原则来划分不同层级政府责权的要求。因此，要推进按照影响范围原则来区分不同层级政府责权利关系的改革，必须站在更高的层面来推进相关的配套改革。要将中央和地方事权划分的法治化、尤其是中央各部门委托地方事务的规范化作为突破口，及时将规范中央地方关系的行政文件上升为法律法规。一方面有利于保障地方自主权限，能够从法律上确保各级地方政府开展协同发展的积极性和主动性；另一方面也有助于中央政府通过法律手段加强对地方的调控，改变以往过于依靠行政手段的弊病。

4.6　以区域中心城市为依托，集中统筹资源推动欠发达地区区域创新中心建设，加快培育欠发达地区区域增长新动能

创新是新时代引领区域发展的第一动力。目前，东部沿海地区特

别是一线城市在雄厚的经费投入和人才资源支撑下，创新发展领先其他区域，欠发达地区无论研发投入强度还是投入规模都难以与其相比。区域创新发展的高度不平衡对未来区域格局走向有着长期影响，欠发达地区要改变被动追赶局面，必须加快创新能力建设。在各方面条件相对有限的情况下，欠发达地区必须集中统筹创新资源，在区域中心城市建设具有地区特色的创新中心，再通过区域协同创新在更大区域范围内发挥辐射带动作用。同时，中央要把推动发达地区支援欠发达地区创新能力建设作为构建区域协调发展新机制的重要工作和抓手，针对性制定相关政策来改变“孔雀东南飞”的人才流动势头，提供有效激励机制促进创新资源向欠发达地区平衡集聚。

4.7 加强对落后地区的支持力度，促进区域间发展机会的均等化

加大对经济发展落后地区的基础设施投入以及转移支付力度，增加对贫穷地区与贫困人口的教育支持。同时，推进西部以较快的速度实现持续发展，培育东北等老工业基地内生发展动力，加快中部地区的工业化和城镇化，促进区域平衡发展，增强各地区切断贫困传递的内生动力。注重区域内部公共产品与公共服务的共享，实现公共服务的均等化。制定针对性的收入分配及教育等公共政策，促进改革开放红利在城乡之间、地区之间更加公平地分享，实现公共服务在地区间、城乡间的均等化。实施乡村振兴战略，尤其是做好农村地区的扶贫攻坚工作。改善教育机会分配，营造公平的劳动力市场环境。从纵向维度上来看，机会不均等分为教育机会不均等和就业机会不均等。一是增加政府对教育的财力投入，改善教育机会分配的公平性，降低家庭背景对教育机会获得的影响，实现教育机会公平；二是营造公平的劳

动力市场环境，减弱甚至消除劳动力市场中家庭背景对初职社会经济地位的直接影响，强化绩效原则，建立良好的社会选择机制，不断提高教育等自致性因素的劳动力市场回报。

执笔人：孙志燕　侯永志

专题一

区域经济增长格局变化及深层次驱动因素

2012年之前，我国区域战略以西部大开发、东北振兴、中部崛起、东部率先发展为主要框架，对促进区域协调发展起到了推动作用。近年来，随着内外部环境条件的变化，我国区域发展格局更趋复杂，东中西部差异继续存在的同时，四大板块内部也出现了明显分化，对于特定区域长期面临的特定制约、特定问题，基于四大板块的区域政策框架难以精准发力，政策一般化、资源分散化往往导致政策效果弱化。针对这种情况，十八大以来，中央在完善基于四大板块的区域协调发展战略的同时，针对一些具有全局意义的典型区域提出了一系列更加聚焦、更有针对性的区域战略，这是区域战略部署的重大突破性创新。

1 区域经济增长总体格局的近期变化

1.1 区域经济整体下行，西部地区面临压力相对较大

2018年，我国国内生产总值（以下简称为GDP）按照初步核算比

上年增长6.6%，增速比2017年下降了0.2个百分点。分区域来看，东部、中部、西部、东北地区省级区域GDP平均增速分别为6.5%、7.8%、7.4%、5.1%。分省来看，全国有25个省级区域GDP增速相比上年出现下降，有6个省级区域GDP增速下降幅度超过1个百分点，其中有3个在西部地区，分别是重庆、贵州、新疆（图1）。

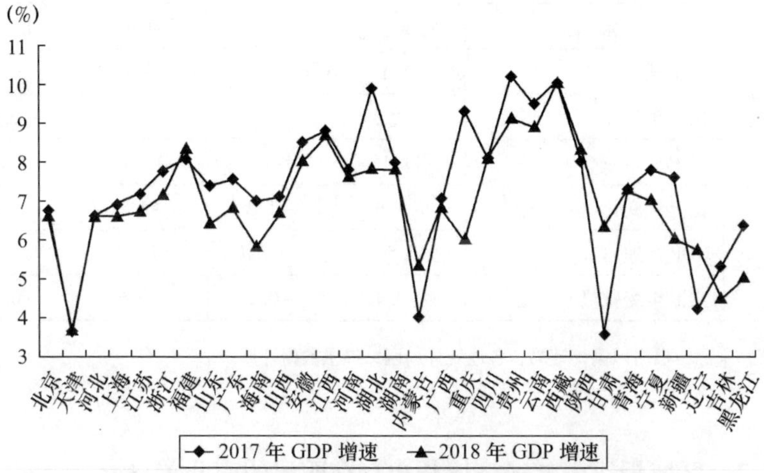

图1　各区域2017~2018年GDP增速对比

资料来源：国家统计局网站、各省市区统计局网站和2018年政府工作报告。

从区域GDP增速排名的变化来看，2018年东部、中部地区的省级区域排名比上年平均分别上升了0.8位、0.1位，西部地区省级区域排名比上年平均下降了0.3位。整体来看，在2018年经济下行过程中，东部地区经济增长韧性最强，中部地区增长相对稳定，东北地区仍处于转型调整当中，西部地区面临的下行压力较大。

上述情况与近几次我国经济下行中，西部地区经济增速降幅最低、增长最具韧性的情况明显不同。2008年，我国GDP增速下降了4.5个百分点，东部、中部、西部、东北地区省级区域GDP增速平均分别下降3.7、1.3、1.3、0.6个百分点，中低收入地区作为我国经济发展回旋余地的作用体现明显。2011年也是类似（表1）。但在2018

年，西部地区反而成为经济下行的压力区域。这意味着西部地区在上一轮区域协调发展战略和国家在2009~2014年实施大规模投资建设这两大有利条件支撑下形成的增长动力已明显减弱，作为我国经济发展回旋余地的作用需要重新塑造。

表1　　我国三次经济下行期中四大区域板块经济增速变化对比

时　间	指　标	东部地区	中部地区	西部地区	东北地区
2008年	GDP增速（%）	11.1	13.1	13.1	13.7
	比上年变化（百分点）	-3.7	-1.3	-1.3	-0.6
2011年	GDP增速（%）	11.1	12.9	12.9	12.8
	比上年变化（百分点）	-1.9	-1.2	-1.2	-0.8
2018年	GDP增速（%）	6.5	8.0	7.4	4.9
	比上年变化（百分点）	-0.4	-0.2	-0.6	-0.4

资料来源：根据国家统计局、各地统计局网站提供数据计算。

1.2　区域板块内部经济增长也存在明显的南北差异

在东部地区，京津冀两市一省、长三角两省一市（苏、浙、沪）、东南沿海地区（闽、粤）省级区域2018年GDP平均增速分别为5.6%、6.8%、7.6%。区域内经济增速最高的福建与最低的天津之间经济增速差异达到4.7个百分点。在中部地区，地处华北的山西2018年GDP增长6.7%，中南地区5省（豫、徽、鄂、湘、赣）2018年GDP平均增速达到8.0%。区域内经济增速最高的江西与最低的山西经济增速差异达到2个百分点。在西部地区，西北两省三区2018年GDP平均增速达到7.0%，西南三省两区一市2018年GDP平均增速达到8.1%。区域内经济增速最高的贵州与最低的内蒙古之间经济增速差异达到3.8个百分点。整体来看，四大板块内部南方地区经济增长强于北方地区。

1.3　观察区域经济增长新格局的两条主线

最近两年的区域增长格局已难以通过传统的四大板块视角来进行观察。例如过去我们认为东部地区经济发展走在前列，但近年来环渤海区域的河北、天津甚至山东的经济增长相比过去减速明显；以往认为中西部地区发展相对落后，但近年来中南、川渝地区的追赶势头十分强劲。区域增长新格局也不能简单地用南北分化来概括，因为即便在南方地区，也存在广西、海南等转型发展压力较大的地区。在东中西划分、南北划分这种“田字格”思维下，区域增长呈现十分复杂的格局，因此需要新的线索来观察区域、思考趋势。

第一条可供讨论的新主线是回归我国地理学传统的“胡焕庸线”。这条线从黑龙江省瑷珲到云南省腾冲，大致为倾斜45度线。“胡焕庸线”的东南一侧土地占全国国土面积不到40%，以平原、水网、丘陵、喀斯特和丹霞地貌为主要地理结构，自古以农耕为经济基础，居住着90%以上的人口。“胡焕庸线”西北一侧是以草原、沙漠和雪域高原为主的地带，人口密度较低。如果对传统的“胡焕庸线”稍加修正，顺时针旋转，基本可以将近年来发展分化的区域概括出来。其背后的逻辑是自然地理以及由此带来的人口、社会、文化等变量具有长期重要影响，在前期政策效力减退后，区域格局会复归于长期均衡。

第二条可供讨论的新主线是由长江、珠江两大水系串联起来的经济区域，即长江经济带和泛珠江合作区，这两片区域涵盖了近年来经济增速和质量效益最高的地区。长三角、珠三角是我国经济发展的前沿高地，中南、西南地区经由水系连接与长三角、珠三角地缘相亲、联系紧密，在要素流动、产业承接等方面相比中西部其他地区具有更大的优势，这可能是其近年来实现强劲追赶的地缘因素。

2 从增长结构和经济质量效益看，欠发达地区培育新动能的要求空前迫切

2.1 工业是决定区域经济增长差异的主要产业部门

目前已有28个省市区公布了2018年分产业部门增加值增速，其中，第二产业增加值平均增长5.9%，增速平均离差为2.0%，第三产业增加值平均增长8.0%，增速平均离差1.1%，区域层面第二产业增长的波动性要明显超过第三产业。

从分产业的相关性来看，2018年各区域第一产业增加值增速与GDP增速的相关系数为0.38，第二产业增加值增速与GDP增速的相关系数为0.81，第三产业增加值增速与GDP增速的相关系数为0.56（图2）。这说明经济下行期区域经济增速差异较大程度取决于第二产业增长的差异，区域经济能否稳得住，主要是看工业能否稳得住。

从部分典型区域的增长结构对比可以更清楚地看到，发展弱势地区主要弱在工业，而不是服务业。2018年，西部地区GDP增速最低的4个区域是内蒙古、重庆、甘肃、广西。这4个地区第三产业增加值平均增速达到8.2%，与东部地区经济增速最快的福建相比并不差；但这4个区域第二产业增加值平均仅增长4.1%，比福建二产增加值增速低了4.4个百分点（表2）。

从工业部门内部来看，2018年发展弱势地区增长相对疲软的主要是下游制造业行业。例如，2018年西部地区钢材总产量达到1.35亿吨，比上年增长1000万吨，占全国钢材总产量比重达到12.2%，比上年提高0.3个百分点；但是2018年西部地区的汽车总产量下降135万

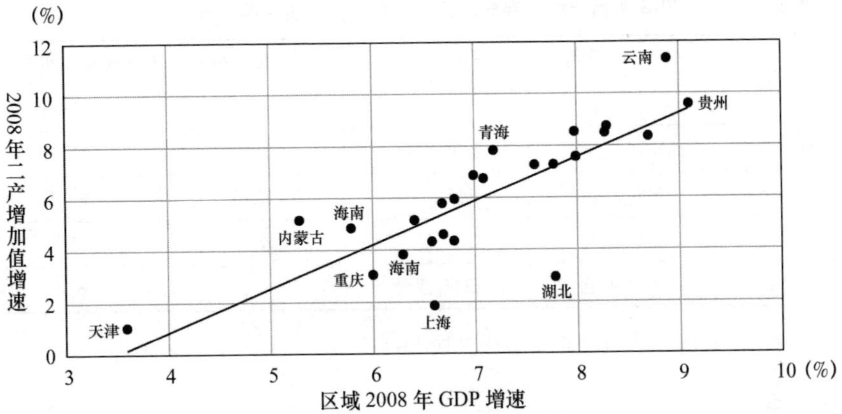

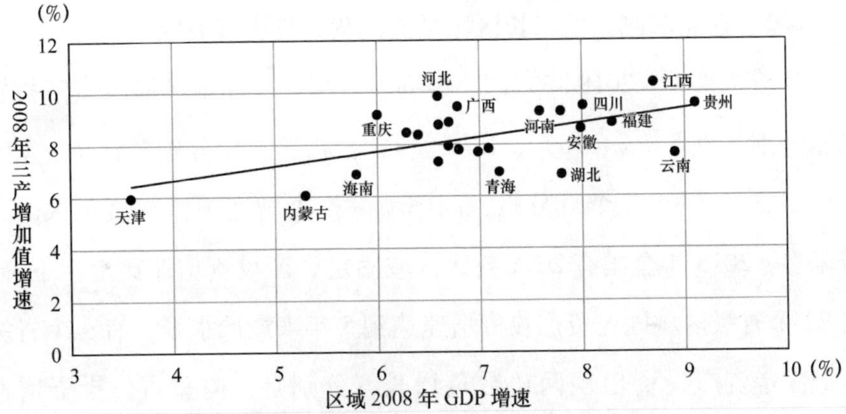

图2　各区域2018年GDP增速与二产、三产增加值增速相关性

资料来源：国家统计局网站、各省市区统计局网站和2018年政府工作报告。

表2　2018年部分省市区分产业部门增加值增速对比　单位:%

地区	GDP增速	一产增加值增速	二产增加值增速	三产增加值增速
福　建	8.3	3.5	8.5	8.8
内蒙古	5.3	3.2	5.1	6
重　庆	6	4.4	3	9.1
甘　肃	6.3	5	3.8	8.4
广　西	6.8	5.6	4.3	9.4

资料来源：相关省市区统计局网站公布数据。

辆，微型计算机产量下降500万台，彩电产量下降100万台，这三类产品占全国总产量比重下降幅度都达到2个百分点以上（表3）。

表3　2018年西部地区部分工业产品总产量及占全国比重变化

产品种类	西部地区总产量		西部占全国总产量比重（%）	
	2017 年	2018 年	2017 年	2018 年
钢　材	1.25 亿吨	1.35 亿吨	11.9	12.2
汽　车	680 万辆	545 万辆	22.7	19.5
微型计算机	1.36 亿台	1.31 亿台	44.5	42.5
彩　电	1412 万台	1311 万台	8.2	6.4

资料来源：根据国家统计局网站公布数据计算。

2.2　在需求侧，低增长区域呈现消费、投资双疲软

从投资来看，2018 年东部、中部、西部、东北地区固定资产投资增速分别达到 5.7%、10%、4.7%、1%，相比上年分别变化了 -2.6、3.1、-3.8、-1.8 个百分点，西部地区投资增速下滑幅度最大。分省来看，2018 年全国有 26 个省级区域固定资产投资增速比上年下降，有 22 个省级区域固定资产投资增速达到 5 年来最低水平，有 4 个省级区域固定资产投资出现两位数负增长，分别是：内蒙古，投资增速 -28.3%；新疆，投资增速 -25.2%；宁夏，投资增速 -18.2%；海南，投资增速 -12.5%。这其中有 3 个在西部地区（图 3）。欠发达地区特别是西部地区以往投资更多集中在能源、交通、生态环境领域，制造业投资相对不足，这种不平衡的投资结构在本轮经济下行期面临着更大压力。

从消费来看，2018 年东部、中部、西部、东北地区社会消费品零售总额平均增速分别为 7.3%、10.8%、8.8%、5.9%，相比上年分别下降了 1.6、0.7、1.9、0.3 个百分点，消费增速下滑幅度最大的仍是西部地区。分省来看，2018 年全国有 28 个省级区域社会消费品零售总额增速比上年下降，有 26 个省级区域社会消费品零售总额增速达到

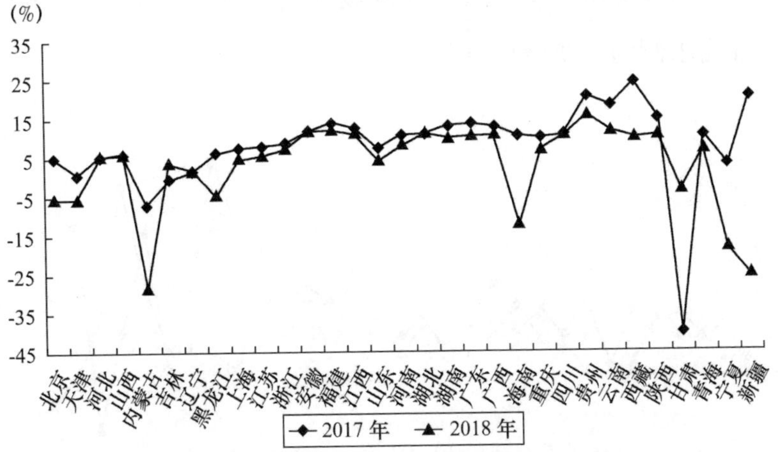

图3　各区域2017~2018年固定资产投资增速对比

资料来源：国家统计局网站公布数据。

5年来最低水平，社会消费品零售总额增速降幅最大的10个省级区域中有一半在西部地区（图4）。

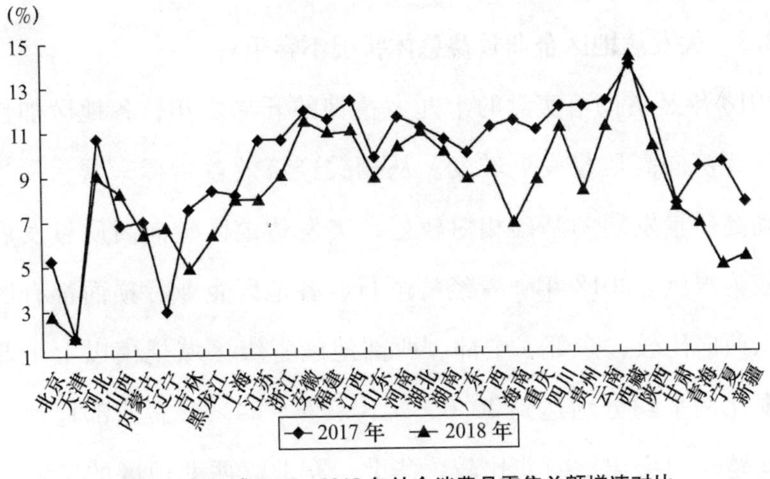

图4　各区域2017~2018年社会消费品零售总额增速对比

资料来源：国家统计局网站公布数据。

从出口来看，2018年东部、中部、西部、东北地区省级区域境内目的地和货源地统计的商品出口总额平均分别增长11.3%、8.6%、14.5%、-2.2%，西部地区有4个省级区域出口增速达到20%以上，连续两年成为我国出口增速最快的区域板块（图5）。这是2018年西部地区在需求侧的主要增长亮点。

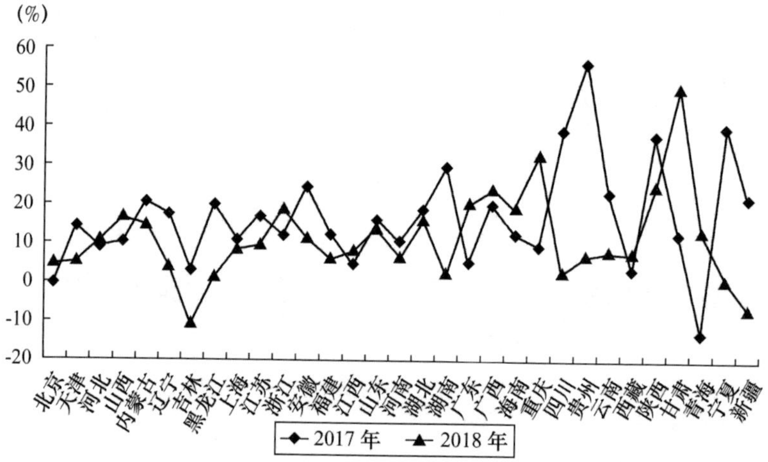

图5　各区域2017～2018年商品出口增速对比

资料来源：国家统计局和海关总署公布数据，按境内目的地和货源地口径计算。

2.3　欠发达地区企业效益总体状况不容乐观

2018年是贯彻落实党的十九大精神的开局之年，各地区加快推动区域经济向高质量发展转变。从相关经济效益指标来看，发达地区推动高质量发展的基础相对较好，欠发达地区转向高质量发展的任务较为艰巨。2018年随着经济下行，各地区企业亏损面都有所扩大，东西向比较，东部、中部、西部地区省级区域规模以上工业企业亏损比例平均分别达到20.0%、10.7%、24.3%，西部地区企业亏损问题较为突出。南北比较，华北、东北、西北地区的工业企业亏损比例平均分别为27.7%、28.6%、30.0%，华东、中南、西南地区工业企业亏损比例平均分别为14.0%、12.8%、19.5%，南方地区明显好于北方地区。整体来看，欠发达地区与发达地区的企业效益差别十分明显（图6）。2017年以来，供给侧结构性改革深入推进，上游工业行业的价格和利润实现了快速增长，而下游制造业在今年面临较大需求压力。即便在这样的条件下，西北、华北地区的工业效益指标依然较弱，这说明制约欠发达地区经济发展质量的结构性矛盾仍然突出。

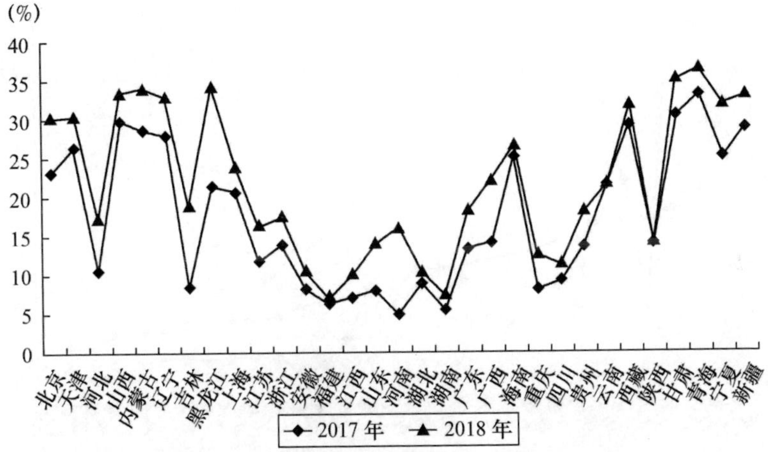

图 6 各区域 2017～2018 年规模以上工业企业亏损比例对比

资料来源：根据国家统计局公布数据计算。

2.4 创新发展方面欠发达地区与发达地区存在基础性差距

党的十九大提出新时代要把创新作为引领发展的第一动力和建设现代化经济体系的战略支撑，但目前在创新发展的基础、资源和能力方面，区域不平衡的现象十分突出。2018 年 10 月公布的全国科技经费投入统计公报显示，从科技研发经费投入强度来看，区域创新第一梯队继续由北京、上海、江苏、广东、天津、浙江等东部省市构成，排名靠后的则主要是中西部省份（图 7）。其中，研发经费投入强度最高的北京达到 5.64%，最低的西藏仅有 0.22%，两者相差 25.6 倍，区域创新强度差距远远超过两者之间 3.3 倍的人均 GDP 差距。从研发经费投入总额来看，公报显示，2017 年西部十省市合计投入 2064.3

亿元，而同年广东一个省研发经费投入就达到2343.6亿元。创新发展方面的巨大区域差距从深层次上决定了未来区域发展格局的变化，必须着力调整区域创新过度不平衡的局面。

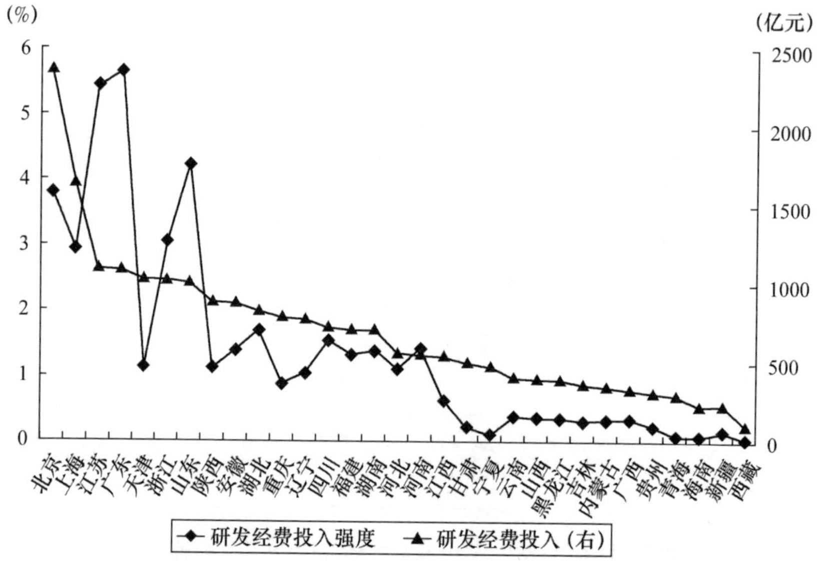

图7　2017年区域科技研发经费投入强度与规模

资料来源：国家统计局网站2018年10月公布《2017年全国科技经费投入统计公报》，区域按研发经费投入强度自高向低排序。

2.5　“未富先老”问题大幅削弱欠发达地区比较优势

按照传统区域发展理论，后发区域实现追赶的主要策略是“雁阵模型”逻辑下的产业梯度转移。但在实际上，产业梯度转移需要的支撑要素非常多，例如先发地区赖以起步的特惠性政策复制、使内陆与外部连通性增强的便利交通基础设施等，但最重要的一条是劳动力成本低的比较优势。然而，部分中西部地区目前的劳动力结构和成本条件使得传统产业梯度转移的空间极大压缩。

从人口结构来看，根据2017年全国人口抽样调查数据，全国老年人口抚养比达到15.86%。分区域来看，人口老龄化程度最高的是重庆、四川，老年人口抚养比分别达到20.6%、19.83%；西部地区的陕西、贵州、内蒙古、广西、甘肃老年人口抚养比处于14.3%～15.2%之间，接近全国平均水平；西部地区仅有云南、宁夏、青海、新疆、西藏等区域老年人口抚养比在12%以下。整体来看，欠发达地区由于年轻劳动力大量流出，“未富先老”的问题十分突出。

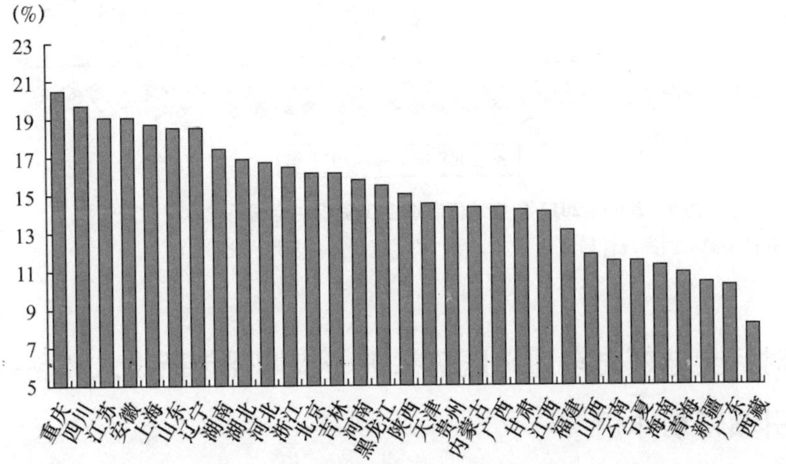

图8　2017年各地区老年人口抚养比

资料来源：国家统计局网站。

从劳动力成本来看，制造业平均工资区域差异在过去10年当中有明显收敛。2018年，西部地区的西藏、新疆、重庆三地制造业城镇就业人员平均工资均超过全国制造业工资平均水平；贵州、内蒙古、四川、陕西四地的制造业平均工资也在内地31个区域中的前15位；劳动力成本还有一定优势的西部区域就仅有宁夏、广西、云南三地了（图9）。

从上面这些因素看，以西部地区为代表的欠发达地区想要依靠劳动力比较优势承接传统产业实现追赶的增长逻辑面临极大挑战，必须跳出区域发展理论和传统思维的束缚，以新发展理念打造新动能，实现弯道超车或换道超车。

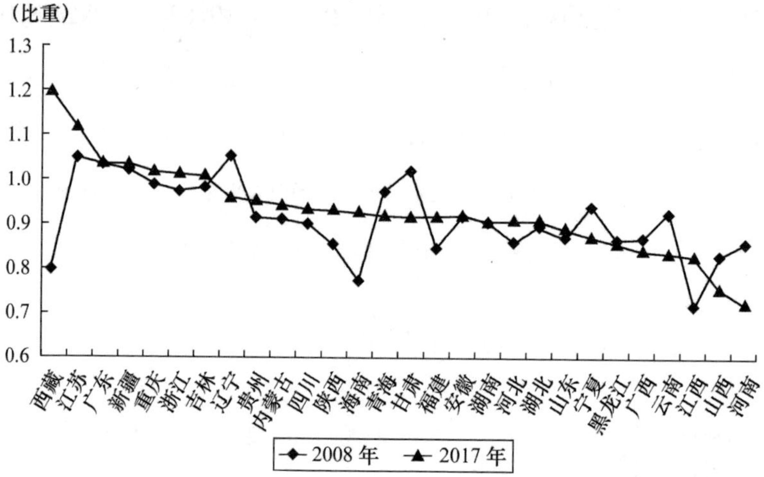

图9 2008~2017年各地区制造业工资相对全国平均水平的变化

资料来源：国家统计局网站（京、津、沪工资最高，未列入比较）。

3 对标全球领先东部地区仍需进一步增强创新投入和创新引领带动作用

京津冀、长三角、珠三角三大城市群是我国产业发展和技术创新的高地，无论从规模还是内涵来看，对我国经济发展都具有全局性意义。例如，2017年，长三角地区生产总值占全球经济总量的3.6%，如果视为一个经济体，长三角经济体量仅次于美、中、日、德，可以在全球排第五位，本节以长三角为例分析先发区域近年来重新走向领先的基础与未来发展要求。

3.1 区域产业分工深化推动区域整体实现更好发展

在区域一体化程度不断提升的基础上优化区域分工，能够为区域发展提供基础性动力，长三角、珠三角地区在区域一体化和区域分工深化方面走在全国前列。前文区域增长短期形势分析对东部地区已有涉及，这里通过拉长对比的时间视野以更加清晰地观察区域分工长期趋势。

以长三角为例，从增加值结构变化看，经过过去10年的发展，上海金融中心功能进一步提升，江苏、安徽工业地位有所增强，浙江信息产业快速增长，长三角整体产业结构更趋均衡。2017年，上海市工业增加值8393亿元，占全国工业增加值比重3%，比2008年下降了1.2个百分点；第三产业增加值达到2.1万亿元，占全国服务业比重达到5%，比2008年下降0.8个百分点。服务业当中，金融业2017年增加值达到5331亿元，占地区生产总值比重达17.4%，比2008年提高7.3个百分点；占全国金融业增加值比重达8.2%，比2008年提高0.5个百分点。江苏省2017年地区生产总值8.6万亿元，占全国GDP比重10.5%，比2008年提高0.8个百分点；其中，工业增加值3.4万亿元，占全国工业增加值12.2%，比2008年提高0.6个百分点。浙江省在全国工业增加值中所占比重下降，服务业内部结构出现明显变化，信息产业比重上升、金融业比重下降。浙江省2017年工业增加值1.9万亿元，占全国工业增加值7.0%，比2008年下降0.8个百分点；服务业当中，信息传输、软件和信息技术服务业增加值2915亿元，占全省地区生产总值5.6%，比2008年提高了3.1个百分点，比2017年全国信息产业比重高2.2个百分点。安徽省2017年地区生产总值2.7万亿元，占全国GDP比重3.3%，比2008年上升0.5个百分点。其中，工业增加值1.1万亿元，占全国工业增加值3.9%，比2008年提高1.3个百分点；服务业增加值1.2万亿元，占全国服务业增加值2.7%，比2008年提高0.4个百分点。长三角地区整体来看，2008年至2017年三次产业增加值比重由6.3∶51.5∶42.2变为4.4∶42.5∶53.0，工业增加值占全国工业增加值比重下降0.1个百分点，达到26.2%，服务业增加值占全国比重上升 1.1 个百分点，达到 24.3%，在继续保持工业基础地位的同时，服务业发展相对不足的问题明显改观，产业结构更加平衡（表4）。

表4　全国与长三角一市三省 2008～2017 年产业结构变化对比

产业	2008 年分行业增加值比重（%）					2017 年分行业增加值比重（%）				
	全国	上海	江苏	浙江	安徽	全国	上海	江苏	浙江	安徽
第一产业	10.2	0.8	6.8	5.1	16.0	7.6	0.4	4.7	3.7	9.6
第二产业	47.0	43.3	54.8	53.9	47.4	40.5	30.5	45.0	42.9	47.5
第三产业	42.9	56.0	38.4	41.0	36.5	51.9	69.2	50.3	53.3	42.9
交运仓储	5.1	5.1	4.3	3.9	5.0	4.5	4.4	3.6	3.7	3.2
批发零售	8.2	13.7	10.1	8.8	6.9	9.5	14.3	9.4	12.0	7.1
住宿餐饮	2.1	1.7	1.9	1.8	1.6	1.8	1.3	1.6	2.4	1.9
金融业	5.7	10.1	4.2	7.7	3.5	8.0	17.4	7.9	6.8	6.2
房地产业	4.6	6.7	5.2	4.9	4.9	6.6	6.1	5.8	6.2	5.1
其他行业	16.6	18.7	12.6	13.8	14.6	21.1	25.5	21.6	21.9	18.9

资料来源：根据国家统计局网站提供数据计算。

3.2　在高技术密集度制造业领域一齐发力，在低技术密集度制造业领域提升产业集中度

根据 2017 年《全国科技经费投入统计公报》公布的制造业各行业研发投入强度，可以判别各行业在当前发展阶段的技术密集度。例如，研发投入强度排在前列的制造业行业主要有铁路船舶航空航天和其他运输设备制造业、仪器仪表制造业、医药制造业、计算机通信和其他电子设备制造业、专用设备制造业、电气机械和器材制造业、通用设备制造业、汽车制造产业等，正是我国需要大力追赶工业化国家的行业。

采用衡量区域产业集聚程度常用的赫芬达尔指数（HHI），来分行

业、在区域两两之间测算 2011 ~2017 年长三角制造业集聚程度的变化情况。通过测算发现，研发投入强度大于 1% 的 13 个制造业行业中，长三角区域集聚度出现整体下降的有仪器仪表制造业、计算机通信和其他电子设备制造业、通用设备制造业、汽车制造业、化学原料和化学制品制造业、橡胶和塑料制品业等 6 个行业，这 6 个行业收入占区域制造业总收入比重为 40. 5% 。而研发投入强度小于 1% 的 18 个制造业行业中，区域集聚度出现整体下降的仅有家具制造业、文教工美体育和娱乐用品制造业、皮革毛皮羽毛及其制品和制鞋业、石油加工炼焦和核燃料加工业等 4 个行业，4 个行业收入占区域制造业总收入比重仅为 5. 2% 。

3. 3　创新投入不足是我国产业追赶的核心制约

企业是发展和创新的微观载体，在过去的发展中，东部地区在重要行业特别是战略新兴产业领域培育出一批发展和创新的引领性企业。根据普华永道公司整理的“2018 年全球创新企业 1000 强”，在信息技术、电子通信、生物医药、汽车、电气器材、机械装备、化工七大行业中，我国头部企业总部全部位于东部地区。其中，有三家位于长三角（阿里巴巴、恒瑞医药、上汽集团），两家位于珠三角（华为、美的），两家位于包括京津冀在内的环渤海地区（中国中车、万华化学）。

与全球行业领先企业相比，东部地区领先企业在创新投入方面仍有很大差距。例如，在信息技术领域，美国的亚马逊公司、字母表公司（谷歌母公司）2017 年研发支出分别达到 226 亿、162 亿美元，而根据工信部发布的数据，2017 年我国互联网前 100 强企业研发投入合计 1060 亿元人民币，按年均汇率折算为 157 亿美元；在生物医药行业，美国的强生公司、默克公司2017年研发投入分别达到106亿、102亿美元，而我国2017年在医药行业研发支出投入最多的恒瑞医药，全年研发支出仅有3亿美元，2017年我国医药制造全行业研发支出也只有79亿美元；在汽车行业，德国大众公司、日本丰田公司2017年研发支出分别为158亿、100亿美元，我国2017年研发支出最多的上汽集团研发投入17亿美元，我国汽车全行业研发投入172亿。

创新具有极强的规模效应，企业实力的差距必然影响创新投入能力，从而在根本上限制一国的产业竞争力与经济发展的质量效益。以上对比表明，虽然我国已是全球第二大经济体、第一制造业大国，但是产业整合度不高造成企业实力不强、创新投入不足的问题仍然十分突出，这是我国当前产业发展面临的主要制约。未来要缩小与主要工业化国家的产业差距，必须进一步优化产业格局，壮大市场主体，增强创新资源统筹，加大创新投入力度。这是东部地区未来发展需要重点解决的问题。

4 下一阶段发展的政策思路

4.1 进一步细化深化区域战略，在明确区域新时代发展功能定位的基础上加大区域政策精准性和政策支持力度

2012年之前，我国区域战略以西部大开发、东北振兴、中部崛起、东部率先发展为主要框架，对促进区域协调发展起到了推动作用。近年来，随着内外部环境条件的变化，我国区域发展格局更趋复杂，东中西部差异继续存在的同时，四大板块内部也出现了明显分化，对于特定区域长期面临的特定制约、特定问题，基于四大板块的区域政策框架难以精准发力，政策一般化、资源分散化往往导致政策效果弱

化。针对这种情况，十八大以来，中央在完善基于四大板块的区域协调发展战略的同时，针对一些具有全局意义的典型区域提出了一系列更加聚焦、更有针对性的区域战略，这是区域战略部署的重大突破性创新。例如，实施京津冀协同发展战略的重要出发点就是针对性解决北京的“大城市病”问题与河北省发展长期滞后的问题；再比如，中央近期提出的建设海南自由贸易港，既是一项探索新时代实现更高质量对外开放的开放发展战略，也是一项着眼促进海南加快追赶的区域战略。未来，要在这一思路下，继续细化深化区域战略，特别是针对转型发展长期陷于困局当中而已有区域战略尚未有效覆盖的区域，从其在新时代全局发展中的作用出发进行准确功能定位，采取更加聚焦、更大力度的区域战略进行支持。

4.2 把区域经济稳增长、防范出现区域增长失速风险作为未来一段时期区域政策的战略重点，以弱势区域产业体系、社会民生领域补短板作为区域稳增长政策的发力主线

当前，在长期结构性矛盾逐步凸显和内外部需求紧缩的叠加影响下，各地区普遍面临下行压力，部分区域经济增长出现大幅下降。由于区域间日益深化的产业联系，区域经济增速下滑还会带来不利的外溢影响和连锁反应。中央经济工作会议已明确提出保持经济运行在合理区间的要求，各地区必须把稳增长作为当前工作的重要目标。从区域经济数据显示的情况看，稳工业、稳投资是区域稳增长的重点，制造业、社会民生也是欠发达地区的短板领域。因此，地方在落实中央陆续推出的稳增长政策过程中，一定要深入领会、准确把握中央精神，把稳增长与补短板、调结构、惠民生有机统一起来，选准政策发力领域，提高政策效力，坚决避免在传统领域进行低效重复投资。

4.3 结合区域资源禀赋条件和产业基础，进一步深化供给侧结构性改革，着力提升区域产业集中度和产业竞争力

实施供给侧结构性改革，是党中央为有效调整我国产业结构、提升发展质量效益、化解宏观金融风险所做的重大战略部署。经过几年来的努力，供给侧结构性改革取得了重要阶段性成效，相关行业供求关系发生显著变化，产能利用率和企业效益相比以往明显好转。但从最近的区域效益指标来看，部分区域尤其是资源能源型产业比重较高的区域，产业发展质量效益与高质量发展的要求相比仍有明显差距，结构性矛盾仍然突出，这还是反映出相关区域在推进供给侧结构性改革上存在一定问题。例如，一些地方在实施去产能过程中，为快速取得短期效果采取了“一刀切”的行政摊派手段，导致优胜劣汰机制作用丧失，一定程度上悖离了中央政策初衷，也导致区域发展质量和效益难以真正提升。未来，各地区要继续坚持以供给侧结构性改革为主线，在中央提出的“巩固、增强、提升、畅通”方针指导下，以提升区域发展质量效益和产业竞争力为根本目标，综合运用改革和政策手段，加快推动产业兼并重组、优胜劣汰，减少低端无效供给，发展更多优质企业。

4.4 把扩大对外开放作为促进内陆地区特别是西部地区发展追赶的有力抓手，进一步推动增强内外部连通性的大通道建设，重塑我国经济地理格局

经济地理区位是区域经济格局的决定性因素，地处内陆、对外交通成本高是内陆地区发展的根本制约。李克强总理在2013年听取有关专家城镇化研究报告座谈会和2014年参观国博人居科学研究展期间先后两次提出“胡焕庸线能不能破”的问题。要解决区域发展不平衡问

题，就是要通过软硬件基础设施建设，从根本上改变内陆地区与对外联系、对外开放的条件。十八大以来，在共建“一带一路”、内陆自贸区建设等中央重大部署下，西部地区的交通条件极大改善，与外部区域的互联互通显著增强。受益于此，近年来西部地区对外贸易快速发展，有力地对冲了消费、投资增速下滑的影响。未来，内陆地区要牢牢把握不断扩大区域开放发展的有利形势，积极推进、抓紧落实南向通道建设等与区域开放密切相关的中央决策部署，在对外开放中实现区域赶超。

4.5　以区域中心城市为依托，集中统筹资源推动欠发达地区区域创新中心建设，加快培育欠发达地区区域增长新动能

创新是新时代引领区域发展的第一动力。目前，东部沿海地区特别是一线城市在雄厚的经费投入和人才资源支撑下，创新发展大幅领先其他区域，欠发达地区无论研发投入强度还是投入规模都难以与其相比。区域创新发展的高度不平衡对未来区域格局走向有着长期影响，欠发达地区要改变被动追赶局面，必须加快创新能力建设。在各方面条件相对有限的情况下，欠发达地区必须集中统筹创新资源，首先在区域中心城市建设具有一定能力的创新中心，再通过区域创新协同在更大区域范围内进行辐射带动。同时，中央要把推动发达地区支援欠发达地区创新能力建设作为构建区域协调发展新机制的重要工作和抓手，针对性制定相关政策来改变“孔雀东南飞”的人才流动势头，提供有效激励机制促进创新资源向欠发达地区平衡集聚。

执笔人：贾　珅

专题二

从价值链分工来看我国经济发展南北差距的扩大

当前，随着全球价值链分工不断深化，地区之间的经济联系日益紧密，因此对于某一省份经济增长动力的分析，不仅要关注本省份的直接拉动作用，还要考虑其他省份对该省的间接拉动作用。从直接加间接的总拉动来看，北方对投资的依赖程度较高。研究表明，各省份总投资依赖程度与经济增速下滑之间存在较为明显的正相关关系，近年来全国的投资增速放缓引起了北方经济大幅下滑，而高度依赖投资拉动的重化工业价值链导致北方经济增速下滑后难以恢复，因此，南北方的发展差距呈现扩大趋势。

1　全球价值链分工的深化增强了地区间的经济联系

1.1　随着全球价值链分工不断深化，地区间经济联系更加紧密

改革开放以来，随着交通运输和信息网络等基础设施的改进，以及国内市场壁垒的减少，国内市场一体化水平不断提升。这期间，我国各地区通过参与全球价值链分工，逐步融入经济全球化与区域经济

一体化。在全球价值链分工中，不同的生产环节可以在不同的国家和地区进行，一件产品的生产可能需要多个国家的多个地区共同参与。随着全球价值链分工与国内价值链分工的深化，区际贸易依存度（区际贸易调入和调出总额①与地区生产总值之比）不断上升，地区之间的经济联系日益紧密。图 1 列出了 1997 ~ 2012 年全国区际贸易总额和区际贸易依存度，由图 1 可以看出，这两个指标整体呈现上升趋势，全国区际贸易总额和区际贸易依存度 15 年间分别增长了 8.5 倍和 26.6%。因此，对于某一省份经济问题的分析，必须关注其他省份对该省的影响。

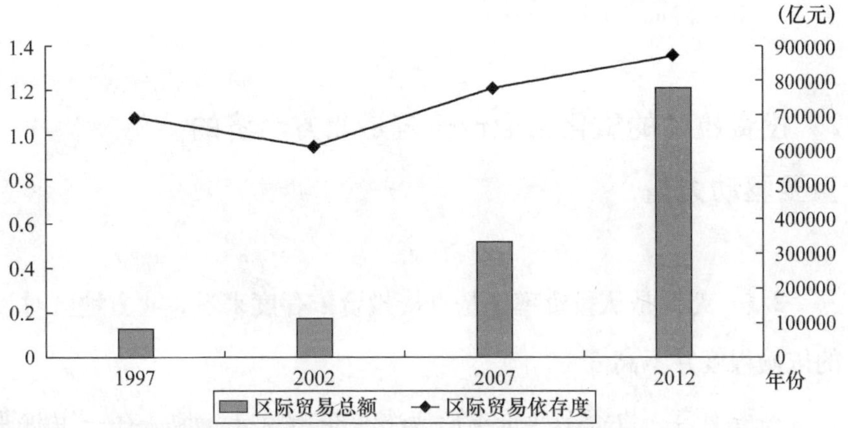

图 1 全国区际贸易总额与区际贸易依存度变化趋势图

资料来源：根据国务院发展研究中心编制的《2012 年中国地区扩展投入产出表》计算。

1.2 从区域经济驱动力来看，既要注重直接拉动，也要注重间接拉动

通常，消费、投资和净出口被理解为拉动一国经济增长的“三驾马车”。然而对于每一个省份而言，其地区生产总值既有来自本省份

① 区际贸易调入是指国内某一地区从国内其他地区输入的商品和服务；区际贸易调出是指国内某一地区向国内其他地区输出的商品和服务。

的消费、投资和净出口的直接拉动，也有来自其他省份消费、投资和净出口的间接拉动。换句话说，每个省份的消费、投资和净出口也会对其他省份的经济增长起到拉动作用。例如，某一省份的总投资拉动既包含该省份的投资对本省份经济增长的直接拉动，又包含其他省份对来源于该省份商品或服务的使用而引起对该省份经济增长的间接拉动。而且，在价值链分工不断深化的背景下，来自于其他省份的间接拉动力甚至超过来自本省份内部的直接拉动力，例如，2012 年北京的间接投资拉动力是直接投资拉动力的 3.3 倍[①]。因此，从区域经济的拉动力来看，既要注重各省份内部需求的直接拉动，也应该注重其他省份对本省份需求的间接拉动。

2 投资拉动的重化工业价值链是北方经济的重要驱动力量

2.1 无论是从投资率还是直接投资依存度来看，北方地区对投资的依赖程度并不高

一般而言，投资率（资本形成率）是衡量某一地区在一定时期内直接投资情况的指标。图 2 呈现了 2012 年[②] 31 个省（区/市）的投资率情况，从投资率的地域分布来看，南北方的差异并不明显。在图 2 中，投资率低于 70% 的北方与南方省份分别有 7 个和 13 个，分别占比 53.8% 和 72.2%；北方与南方地区各有 3 个省份（北方：青海、宁夏、内蒙古；南方：西藏、广西、云南）的投资率高于 80%。

---

① 根据国务院发展研究中心编制的《2012 年中国地区扩展投入产出表》计算。

② 国家统计局已将投资率数据更新至 2017 年，但近年来总体变化不大，为了与《2012 年中国地区扩展投入产出表》数据年份保持一致，故采用 2012 年投资率数据。

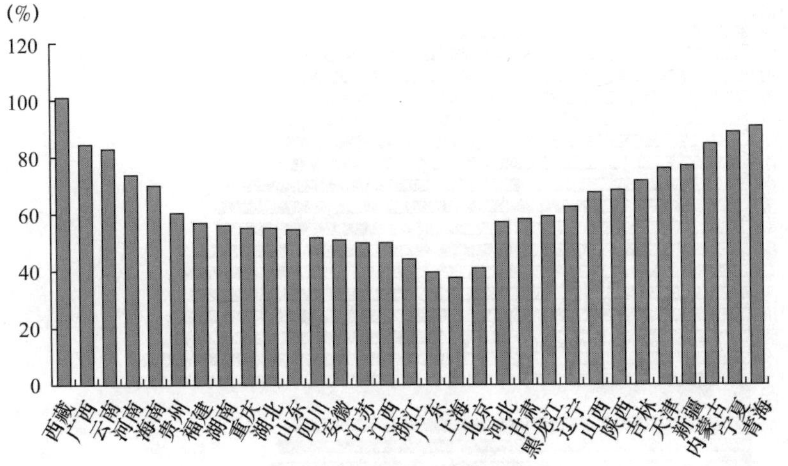

图 2　2012 年投资率（资本形成率）的省际比较

资料来源：根据国家统计局网站数据绘制。

另外，从直接投资拉动（用直接投资依存度[①]来衡量）来看，北方地区的投资依赖程度并不高。由图 3 可知，直接投资依存度大于 30% 的北方与南方省份分别有 2 个（北方：青海、吉林）和 3 个（南方：湖北、四川、山东），分别占各自地区省份总数的 15.4% 和 16.7%；直接投资依存度大于 20% 的北方与南方省份分别有 5 个和 9 个，分别占比 38.5% 和 50%。可见，无论是从投资率还是直接投资依存度来看，北方的投资依赖程度不高。

2.2　从直接加间接的总拉动来看，北方地区对投资的依赖程度较高

从全球价值链分工的视角看，投资对各省份增加值的拉动作用，既有源自本省份的自身需求，也有源自其他省份的需求。前者为直接拉动，或者称之为直接依存度；后者为间接拉动，或者称之为间接依

① 直接投资依存度用来衡量某一省份省内投资对本省份增加值的拉动作用，用某省份省内投资对增加值的拉动占其 GDP 的比重计算。

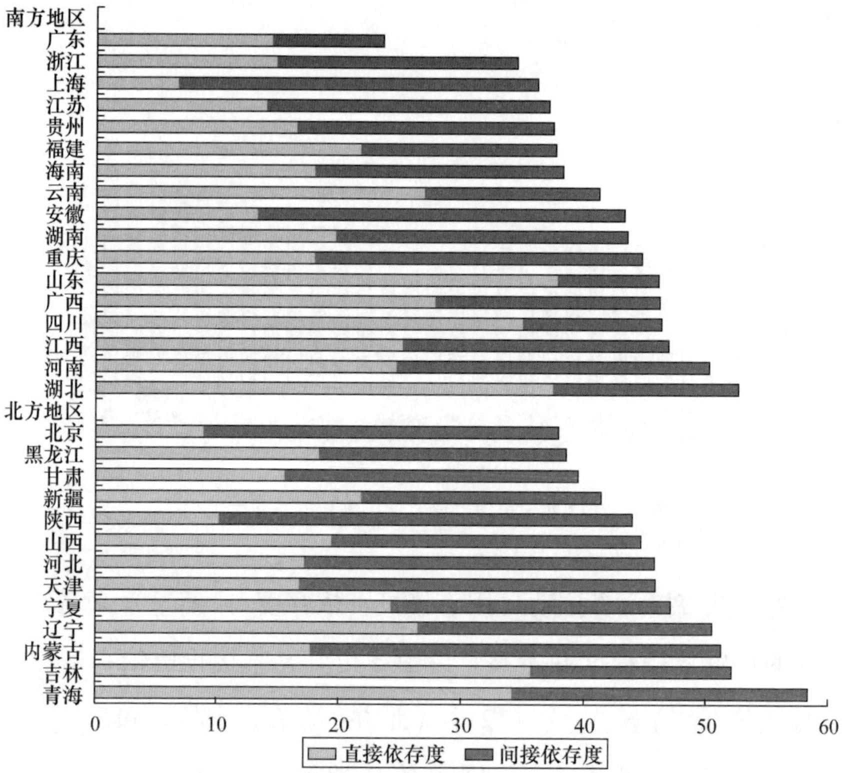

图3　总投资依存度的省际比较

资料来源：根据国务院发展研究中心编制的《2012 年中国地区扩展投入产出表》计算。

存度。图 3 的资料来源于 2012 年中国地区扩展投入产出表，由于其考虑了多区域间的经济联系，因此，采用价值链的分解方法既可以测算本省的直接依存度，也可以测算其他省份对本省的间接依存度，将各省的直接依存度与间接依存度相加就可以得到总依存度[①]。由图 3 可知，北方地区总投资依存度平均高于南方地区，其中，青海的总投资依存度在全国最高，达到 58. 4%，其直接依存度与间接依存度分别为 34. 3% 和 24. 1%，北方的吉林、内蒙古、辽宁也具有较高的总投资依

① 直接依存度是某一省份省内需求对增加值的拉动占其 GDP 的比重；间接依存度是其他省份需求对本省增加值的拉动占本省 GDP 的比重；总依存度是省内与其他省份需求对本省增加值的拉动占本省 GDP 的比重。

存度，分别为52.2%、51.4%和50.6%。虽然南方的湖北、河南等地区也具有较高的总投资依存度，但总体而言，北方地区的总投资依赖程度高于南方地区。

2.3　从产业的角度来看，北方地区主要依赖投资拉动的重化工业价值链

从产业的视角来看，北方的经济具有明显的重化工业价值链特征。北方地区凭借着相对丰裕的自然资源禀赋，经济发展多依赖于对自然资源开发以及与其相关的产业，主要为重化工业。北方地区重化工业快速发展依赖的是本省和其他省份投资拉动的重化工产品省际贸易，重化工业产品贸易创造的增加值（简称贸易增加值）成为了北方省份地区生产总值的重要组成部分。以辽宁为例，图4列出了辽宁的省际调出增加值来源，对于国内各类商品贸易增加值而言，该省的调出增加值主要是由重化工业产品贸易创造，其中，金属冶炼和制品业、机械和交通运输设备是最主要的增加值来源。与辽宁相类似的是，北方的内蒙古、青海、陕西、山西也存在这样的特征，可见，北方地区主要依赖投资拉动的重化工业价值链。因此，从全球价值链分工的视角看，投资拉动的重化工价值链是北方经济的重要拉动力量。

3　全国投资趋势性大幅减速是北方经济快速下滑的主要原因

3.1　近些年来全国的投资增速出现了明显大幅下滑趋势

2009年以来，我国固定资产投资增长率与资本形成增长率呈现明显的下滑特征。2009年固定资产投资增长率与资本形成增长率分别为

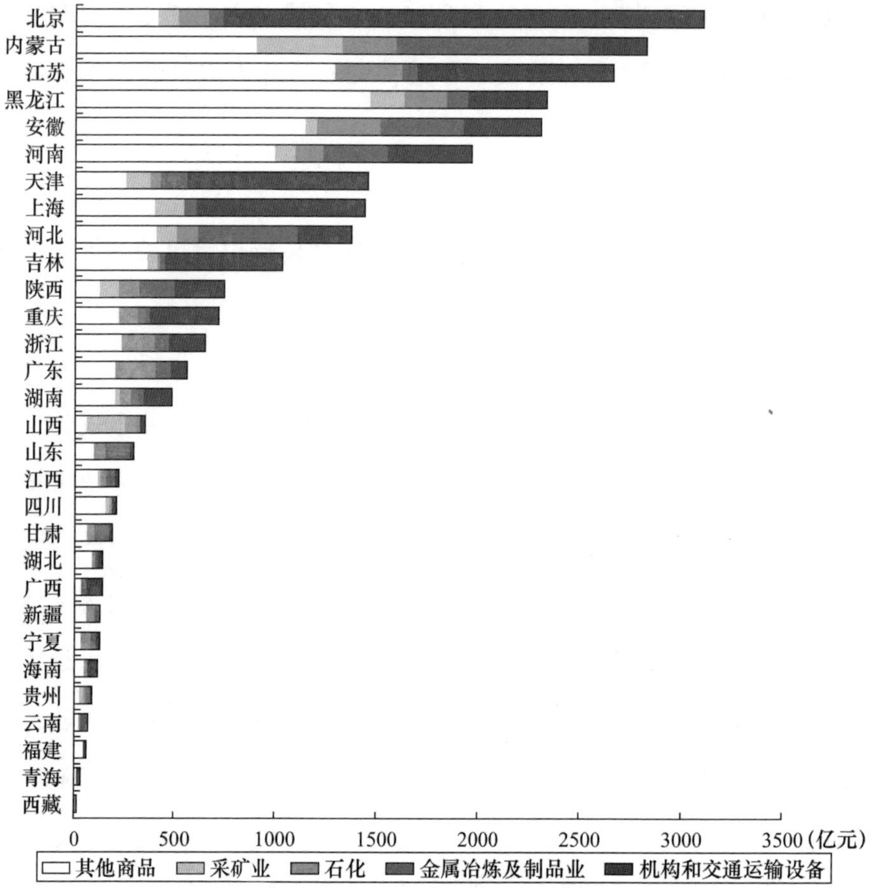

图 4　辽宁的省际调出增加值来源

资料来源：根据国务院发展研究中心编制的《2012 年中国地区扩展投入产出表》计算。

30.4% 和 19.1%，2016 年两者分别为 8.1% 和 6.3%，分别下降了 22.3 个和 12.8 个百分点，2017 年固定资产投资增长率更是降为 7.2%（图 5）。进一步地，将 2011 年各省份的资本形成率与 2011 ~ 2017 年各省份 GDP 增速下滑幅度置于同一散点图中（图 6），从趋势的拟合的程度来看，两者不存在线性关系。与图 6 形成对比的是，图 7 反映了各省份 2012 年的总投资依存度与 2011 ~ 2017 年均 GDP 增速的下降幅度之间存在较为明显的正相关关系，即总投资依存度越高的地区，其 2011 ~ 2017 年均 GDP 增速的下降幅度越大。在图 7 中，辽宁、吉林、

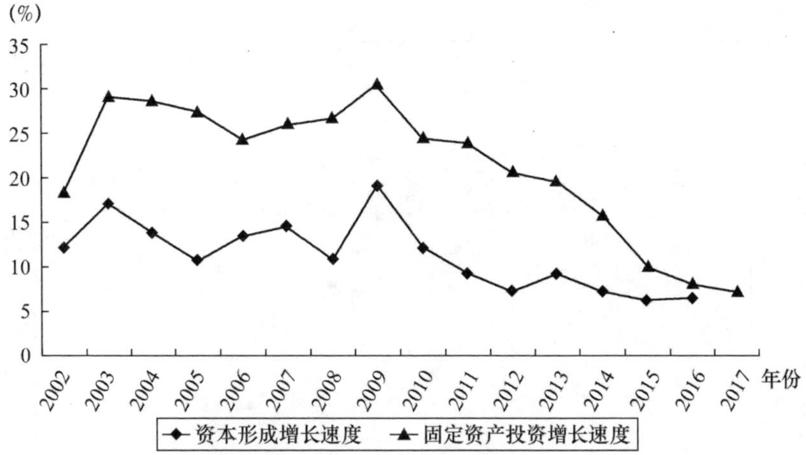

图 5　2002～2017 年我国资本形成与固定资产投资增长速度

资料来源：根据国家统计局数据计算。

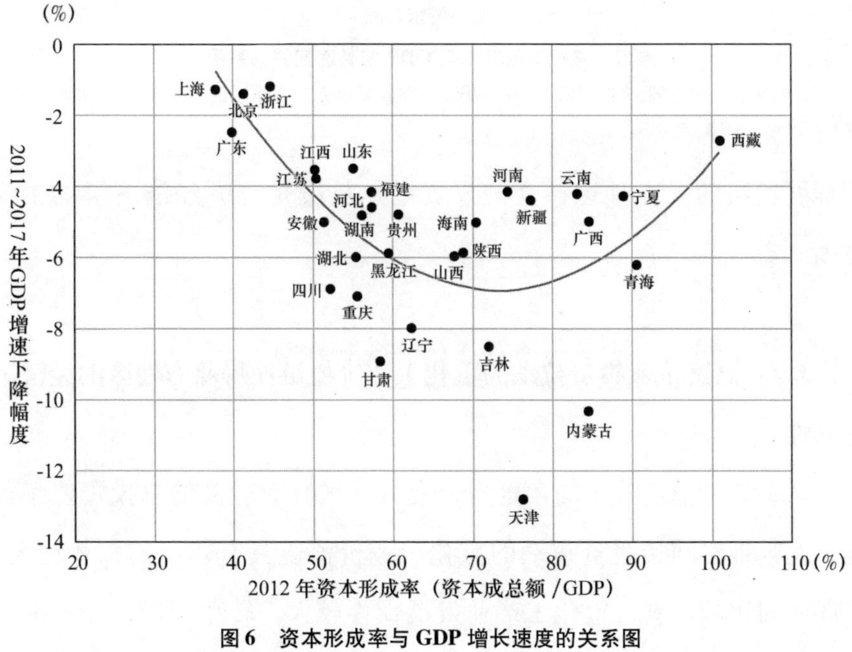

图 6　资本形成率与 GDP 增长速度的关系图

资料来源：根据国家统计局网站数据计算。

湖北、青海等省份处于拟合的灰度线附近且处于图形的右下方，表明这些省份具有总投资依存度高且 GDP 增速下降幅度大的特征，可见投资下滑对这些地区的经济增长的冲击更为明显。因此，对于总投资依

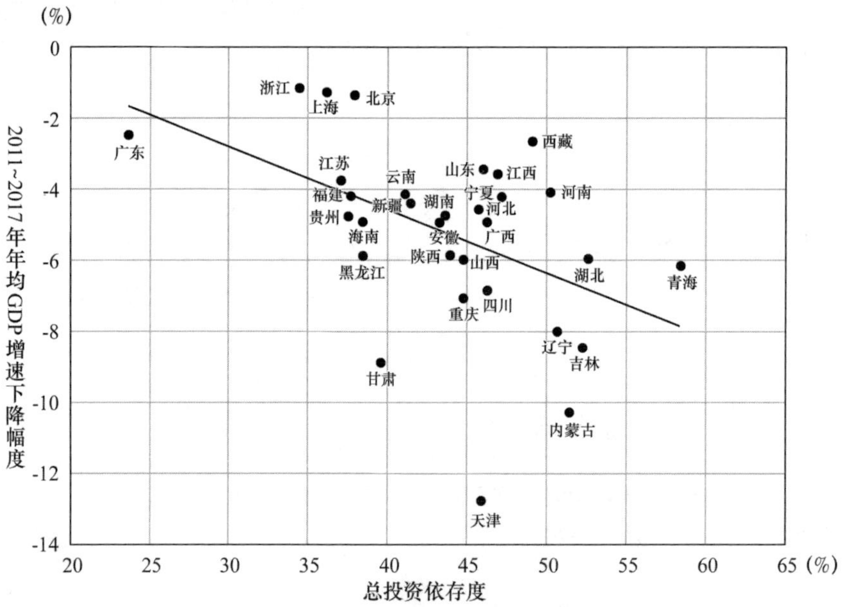

图7　总投资依存度与GDP增长速度的关系图

资料来源：根据国家统计局网站数据及国务院发展研究中心编制的《2012年中国地区扩展投入产出表》计算。

赖程度较强的北方地区，全国投资增速放缓是北方经济下滑的主要原因。

3.2　高度依赖投资拉动的重化工业价值链使得北方地区的经济缺乏韧性

从全球价值链分工的角度看，北方地区具有较高的总投资依赖程度，尤其是对间接投资拉动的重化工业价值链具有较高的依赖程度。从产业的比较来看，重化工产业发展惯性较大，转型较慢，如德国鲁尔地区的重工业经历了50多年，仍未完全转型成功，以底特律为代表的美国“锈带”地区仍未重新崛起。对于高度依赖重化工产业的地区，当经济格局发生改变后，这些地区的适应过程非常缓慢。受制于重化工产业结构，这些地区呈现出较低的经济韧性，相对更难从外部经济冲击中恢复。近年来，随着全球经济陷入低迷以及全国投资增速的大幅下滑，高度依赖投资拉动的重化工业价值链的北方地区出现经济增速大幅下滑而难以恢复的状况。

4　结论与政策启示

4.1　北方地区的经济转型需要长期谋划

当前，随着全球价值链分工不断深化，地区之间的经济联系日益紧密，因此对于某一省份经济增长动力的分析，不仅要关注本省的直接拉动作用，还要考虑其他省份对该省的间接拉动作用。从直接加间接的总拉动来看，北方对投资的依赖程度较高。研究表明，各省总投资依赖程度与经济增速下滑之间存在较为明显的正相关关系，近年来全国的投资增速放缓引起了北方经济大幅下滑，而高度依赖投资拉动的重化工业价值链导致北方经济增速下滑后难以恢复，因此，南北方的发展差距呈现扩大趋势。

随着一国经济的发展与成熟，其投资率将逐渐下滑并最终趋于稳定。近年来，随着我国“五纵五横”综合运输大通道基本贯通，干线通道骨架初步形成以及工业生产能力快速提升，基础设施及物质短缺的时代已经过去，我国经济正由高速度增长转向高质量发展，对基础设施与制造业的投资将稳步增长，投资率也将逐渐趋于稳定。另外，北方地区的重化工产业发展惯性大，转型过程缓慢。因此，对于北方地区而言，应做好经济转型的长期谋划。

4.2　应着力构建重化工价值链转型升级与重构的所需条件

南北差距扩大更多地反映是以投资拉动的重化工业价值链拉动力的大幅减弱。由于自然资源禀赋，北方形成了重化工业的产业结构特点，然而，高度依赖投资拉动的重化工业价值链使得北方地区的经济缺乏韧性，以至于当经济格局发生变化后，这些地区难以快速适应。所以，解决南北差距扩大问题需要注重对中高端产业的培育以及加快重化工业价值链的升级和新的价值链的构建。随着经济由高速度增长向高质量发展转变，投资需求将呈现出新的特点，其内涵和所需技术都会发生变化。因此，对于北方地区，应着力构建重化工价值链的转型升级以及价值链重构所需的条件。

4.3 应延伸和拓展全球价值链的国内环节，推动国内区域价值链分工的协同升级

改革开放以来，中国通过不断提升全球价值链分工的参与程度，快速融入全球经济，推动经济的高速增长。但我们在全球价值链分工中参与的环节仍然处于低端，获益能力仍然较低。从区域角度来看，参与的全球价值链在国内的环节较短，更多地表现为东部沿海地区的直接参与，而中西部和北方地区只能通过能源、资源的生产间接参与。推动我国产业迈向全球价值链中高端，抑制区域差异的扩大，需要深化国内价值链分工，培育更多的能够引领价值链分工的跨区域企业，延伸和拓展全球价值链的国内环节，让中西部和北方地区能够更加深度地参与全球价值链分工和国内价值链分工，促进不同区域价值链分工的深度融合和协同升级。

执笔人：李善同　何建武　唐泽地

参考文献

[1] 李善同，何建武，刘云中．全球价值链视角下中国国内价值链分工测算研究．管理评论，2018（5）

[2] 李善同．2012 年中国地区扩展投入产出表：编制与应用．北京：经济科学出版社，2018

[3] 李善同，吴三忙．中国地区经济增长中的“四驾马车”拉动作用测度——基于分省投入产出表的实证分析．第三届国际区域科学年会会议论文，2012（3）

[4] 盛来运，郑鑫，周平，李拓．我国经济发展南北差距扩大的原因分析．管理世界，2018（9）

[5] 孙久文，姚鹏．单一结构地区转型的原因与路径探讨——以东北地区为例．社会科学辑刊，2017（1）

[6] 王任飞．辩证看待东北投资现象．宏观经济管理，2013（3）

[7] 王直，魏尚进，祝坤福．总贸易核算方法：官方贸易统计与全球价值链的度量．中国社会科学，2015（9）

专题三

央地关系在区域平衡发展中的作用

央地关系在区域平衡发展中的作用涉及以下几个问题，即“央地关系该不该在区域平衡发展中发挥作用”“央地关系能不能在区域平衡发展中发挥作用”“应采取怎样的措施才能使央地关系在区域平衡中发挥出预想的作用”。

对前两个问题的回答乍看上去是不言自明的，改革开放以来央地关系的调整，已经对我国的区域发展产生了巨大影响。促进区域之间的平衡发展，也一直是中央政府的政策目标。很显然，无论从理论还是实践来看，央地关系应该、也能够在区域平衡发展中发挥出重要的作用。然而，如果说改革开放之初中央采取倾斜式的区域政策，导致沿海地区率先发展，由此带来区域之间的发展不平衡；那么为什么中央在以后采取了“西部大开发”“中部崛起”“东北振兴”等一系列反向的区域政策后，我国区域差距的变化趋势却难如政策制定者的预期呢？是中央政策的力度还不够大？还是区域政策的目标和举措不匹配？应从根本上思考央地关系在我国区域平衡发展中的作用。

事实上，从世界各国的发展经验来看，经济活动在空间的集聚是伴随着各国工业化、城市化过程中的普遍现象，由此必然产生一国之内各区域发展的不平衡。世界上的所有国家，有一半的国家其国民收入的1/3集中在不到5%的国土，有1/4的国家其国民收入的1/2来自不到5%的国土（World Bank，2009）[①]。随着经济地理学等理论研究的进展，研究者们对为什么随着一国经济发展水平的上升，就会产生上述的空间集聚以及相应的区域不平衡发展有了越来越深入的理解（Krugman，1980；Fujita，etc，1999）[②]。

为什么许多国家的政策制定者，一直孜孜以求缩小本国不同地区的经济水平差距，以实现各个地区齐头并进的平衡发展，绝大多数却以失败而告终（奥图尔，2016）[③]。如何借鉴各国区域发展的经验，在顺应空间经济活动发展规律的基础上，选择合适的目标，采取合理的举措，有效发挥出央地关系在区域平衡发展中的作用，将是本专题重点研究的内容。

我国当前的央地关系是非常独特的，它延续了自秦以来大一统王朝中央和地方关系的基本模式和重要特征。改革开放以来，央地关系的调整诱致地方竞争模式的产生，由此推动了我国经济社会的迅猛发展。各个区域之间发展的不平衡，也是在这个大背景下产生的，是国家整体演变趋势的一部分。可见，央地关系的调整，引发了一连串的制度变迁，带来了一系列正面和负面的后果。从这个意义上说，央地关系的变迁对于我国区域的平衡发展有着决定性的影响。因此，本专题将重点分析我国央地关系的独特性以及对区域发展的影响，探讨央地关系应如何调整、采取怎样的举措，以推动我国区域的平衡发展。

---

① World Bank. 2009. Reshaping Economic Geography，World Development Report.，P81.

② Krugman，P. R. 1991. Increasing returns and economic geography. Journal of Political Economy 99：483 – 99 Fujita，M.，P. Krugman，and A. J. Venables. 1999. The Spatial Economy：Cities，Regions and International Trade. Cambridge，MA：MIT Press.

③ 兰德尔·奥图尔：《规划为什么失败》，上海三联书店2016年版。

1 区域平衡发展、地区竞争模式和央地关系

1.1 我国已有的地区竞争模式是改革开放以来经济社会获得快速发展的重要原因之一

对改革开放以来我国经济社会发展为什么能够获得巨大成功，已经有众多的讨论，而我国各个地区之间展开激烈的竞争，由此带来整体经济的活力，被众多研究者认为是其中的重要原因之一。例如张五常（2004）认为地区竞争是我国高速发展的真正源泉；钱颖一等人（1995，1997）提出中央与地方形成了“财政联邦主义”（Fiscal Federalism）式的制度安排，对我国经济发展具有重要作用；周黎安（2007）更为强调地区竞争下的政绩考核制度形成的“锦标赛”模式，能有效调动地方官员发展本地经济的积极性。许成钢（2011）则认为地区竞争模式对于我国的制度创新和演进有着重要意义[①]。冯兴元（2010）对“地方政府竞争”的理论范式、分析框架和实证分析进行了较为全面的研究，他提出中国的中央地方关系更类似一种“准财政联邦制”，它难以有效解决地方竞争中出现的纠纷，引入政府之间的“可诉性”才是推动未来中央地方关系合理调整的长久之计。周飞舟（2012）则着重指出中央地方关系调整带来的地方政府公司化行为和

① 张五常：《我国的经济制度》，中信出版社 2004 年版；Gabriella，M.，Qian，Y.，and Weingast，B. R.（1995）”Federalism，Chinese Style：The Political Basis for Economics Success in China”，World Politics，48（1），pp. 50～81；Qian，Y.，（钱颖一）and Weingast，B. R.（1997）“Federalism as a Commitment to Preserving Market Incentives”，Journal of Economic Perspectives 11（4），pp. 83～92；周黎安（2007）“我国地方官员的晋升锦标赛模式研究”，《经济研究》，第 7 期，第 36～50页；Xu，Chenggang（许成钢）（2011）“Thc Fundamental Institutions of China’s Reforms and Development”，Journal of Economic Literature，Vol. 49－4，P1076～1151。

谋利倾向以及由此所产生的一系列负面影响[①]。

尽管对于改革开放以来中央地方关系的变迁以及所产生的“地区竞争”模式的功过得失，仍存在着不少的争议。然而，过去40多年我国经济社会发生的巨大变化，在很大程度上归因于中央与地方关系的转变和调整，已经成为了一种人们的共识。

1.2　地区竞争模式的形成与中央地方关系的演变有密切关系

现有中央地方关系对于地方政府激励机制的核心，是通过一系列的制度安排，使得地方成为相对独立的利益主体，从而有效调动起地方发展的积极性，使得每个地方都争做经济增长的排头兵。以分税制为代表的财政、税收、土地、投资、外贸、金融、公共服务、政绩考核等领域一系列制度安排，尤其是中央与地方在其中的责权利划分，是目前中央地方关系和地方激励机制的重要内容，也是地区竞争模式形成的制度基础。

在地区竞争模式下，各级地方政府通过招商引资、园区建设、城市扩张等方式，采用“大产业、大项目、大投资”等手段，推动产业迅速壮大、城市快速变化、实力快速增强，使得地方的经济社会获得迅猛发展，城市面貌日新月异，居民收入水平大幅提高。

1.3　现有中央地方关系安排下所形成的地区竞争模式，带来区域之间发展不平衡等问题

在现有地方激励机制下，形成了牢不可破的“行政区经济”模

---

① 冯兴元：《地方政府竞争——理论范式、分析框架与实证研究》，译林出版社2010年版，第363～364页；周飞舟：《以利为利——财政关系与地方政府行为》，上海三联书店2012年版，第247～252页。

式，地方更容易产生“以邻为壑”的心态、“同质竞争”甚至“恶性竞争”的行为，由此导致不同地区存在较为严重的“产业同构”“重复建设”“产能过剩”等问题以及相应“地方保护”“行政壁垒”“市场分割”等现象，使得产品和要素难以自由流动，“市场一体化”受阻，对在更大范围内优化配置资源、提高要素生产率和推进区域协调发展构成障碍，由此导致区域之间的发展差异也越来越大。

1.4 原有地区竞争模式亟待转型，促进区域平衡发展成为我国未来发展的关键

已有中央地方关系和所形成的地方政府激励机制，既有成功的一面，也带来了不少的问题。总体来看，改革开放以来的中央地方关系变迁以及由此所形成的地区竞争模式，对我国经济社会的高速发展起到了重要的推动作用。然而，目前中央地方关系的制定安排以及相应的地区竞争模式，已经越来越难以适应形势的变化，日益暴露出一系列问题，迫切需要调整和完善。

地区竞争模式下政府主导经济发展的方式和手段的使用空间日益缩小，负面效果也已显现。在过去高速增长的追赶阶段，如上所述，地方政府所采用的“招商引资、园区建设、城市扩张”等方式和“大产业、大项目、大投资”等手段还可以说是有充分运用的空间和有效显现作用的余地。我国经济进入新阶段后，经济潜在增长率下降、工业化进入中后期、第三产业成为主导、城镇化步伐明显放缓、环境污染严重、生态保护刻不容缓，创新转型成为大多数地区的主要任务，在这种形势下，地方政府已经难以再依靠地区竞争模式下的传统方式推动本地的经济快速增长，一味采用过去的手段，不仅事倍而功半，甚至可能带来“产能过剩”“地方债务”“房产泡沫”“环境污染加

剧”等一系列难以承受的严重后果。

可以看到，正是已有的地区竞争模式塑造了我国区域之间的关系，从而深深影响着各个区域的行为，也加大了区域之间的差距。在新时期，要推动区域之间的平衡发展，地区竞争模式需要转型，中央和地方关系需要进一步理顺。

2　我国央地关系的基本模式和重要特征

如上所述，要推进我国区域之间的平衡发展，必须对已有的地区竞争模式加以调整。而地区竞争模式是中央地方关系一系列制度安排下的产物，因此要调整地区竞争模式、推进区域平衡，就需要对现有的我国中央地方关系进行分析。

2.1　我国中央和地方关系遵循“中央决策、地方执行”的模式

一国中央和地方关系的核心内容是中央和地方在各种事务上责、权、利的划分。按照各国的通行原则，若一项事务具有全国的影响力，属于一国的全局性事务，则应由中央政府负责；若一项事务只具有地方的影响，属于一个区域的地方性事务，则应由地方政府负责。换而言之，中央和地方的事权划分，是按照对应事务的影响范围来加以区分的。

而与按照影响范围划分不同层级政府事权的做法不同，我国的绝大多数事权，是按照事务的各个环节在不同层级政府分配的，即“中央决策、地方执行”模式，或者更确切地说，越往上级政府、更多偏向于决策、部署和监督环节；越往下级政府、更多偏向于具体的实施环节。

我国“中央决策、地方执行”的事权划分模式有着独一无二的特点：一是中央决策范围之深之广，理论上中央可以对任何事务具有决策权，包括那些在影响范围原则下本可以由地方决策的事务，只要中央有意愿，都可以纳入自身的决策范围，很少有其他国家的中央（或联邦）政府在事务的决策上拥有如此大的权力。二是地方执行范围之深之广。中央极少承担具体政策的执行，它更多是对下级政府下发文件、进行督导，而不与具体的企业与百姓直接打交道。在我国，中央本级财政支出和中央政府公务员所占的比例都远远低于其他国家的平均水平，我国中央本级的财政支出只占全国财政支出的14.6%，而英国、美国和法国均高于50%，经济合作与发展组织国家平均为46%；中央政府公务员仅占公务员总数的6%，而世界平均水平在1/3左右（楼继伟，2013）。因此，中央政府的绝大多数事务是层层委托给基层政府来执行，即使一些有全国性影响的事务，也都由地方参与和实施。

2.2 中央拥有决策上的绝对权威、地方具有执行上的自由裁量权

在我国现有“中央决策、地方执行”模式下，随着国家整体组织和管理能力的明显增强，中央决策管辖事务的范围也大大扩展了，因而也面临着更为复杂的“中央政令统一”与“地方情况多样”之间的冲突。由此，一方面中央加强了决策权威，因为目前中央本级支出和中央政府公务员所占的比例都远低于地方，在中央和地方这种“头小身子大”的格局下，中央保持理论上的绝对权威是一个规模相对较小的中央在面对如此庞大的地方时，要维护政令一统的自然反应。另一方面地方也加强了在执行各项事务（包括全局性的事务）中的自由裁量权。在政策的具体执行过程中，主要是依靠地方来加以实施，任何政策的实际效果都在很大程度上依靠地方政府尤其是基层政府在执行

中的努力和配合，在当前政府承担事务的覆盖面和复杂程度不断增加的情况下，地方所具有的自由裁量权也不可避免地有所增加。

2.3　不同层级政府形成“事权共担、部门同构”的格局

在“中央决策、地方执行”模式下，各级政府都在同一项事务上共同行使事权。由于各级政府是“事权共担”的，那么一个事项没有办好，有可能涉及多个行政主体，很容易形成各级政府责权不清、互相推诿的局面。

与此同时，“中央决策、地方执行”模式下中央决策大多是由中央的各职能部门来做出的，与此同时又通过各级政府层层下达和贯彻执行。所以为了保证中央决策能够贯彻到位，不同层级政府的部门设置往往是一致的，形成“上下一般粗”的格局。即使是较为基层的政府，也是“麻雀虽小、五脏俱全”，其职能部门的设置也需要与上级政府大体保持一致。在“中央决策、地方执行”模式下，基层政府的部门承担着具体执行的任务，上级政府各个不同职能部门的决策最终是要通过基层部门来加以落实，即一般所说的“上面千条线、底下一根针”，所以不同的上级职能部门都需要在基层政府有各自相应的执行部门来具体落实决策。如果基层政府想根据自身的实际情况来对本级职能部门进行调整，往往会受到该部门对应上级主管部门的制约。

2.4　各级政府关系主要通过行政方式加以调节，规范化和法治化程度较低

目前我国中央和地方关系遵循“行政主导”的模式，较少采用“人大立法”的方式，更多依据国务院或相关主管部门制定的法规条例，例如：以确定中央与地方收入关系最为重要的分税制改革而言，

其主要依据是《国务院关于实行分税制财政管理体制的决定》（国发〔1993〕85 号文）①，很多情况下中央地方事权的划分只是根据部门发布的“通知”“通告”等文件，各级政府的事权大多缺乏明确、详实的法律条文来加以界定。各级政府的事权划分主要通过行政方式加以规定，带有较强的随意性和不确定性，容易带来“因事而异、因人而异、因时而异”的结果，很难形成一种相对稳定、可预期的环境。

此外，事权划分规范化和法治化程度较低，也加剧了各级政府的责权不清。在“中央决策、地方执行”模式下所形成的“事权共担”的局面，较为容易发生各级政府“责权不对等”和“责任模糊”的情况，而行政主导下事权划分的随意和不确定，更是加剧了这一问题的严重性。各级政府的“事权共担”则意味着“责任共担”，而“事权划分规范化和法治化程度较低”的结果必然会导致不同层级政府间的“责任归属模糊”。

2.5 中央在推进区域平衡发展中，“缺位”和“越位”的情况同时存在

由于目前中央和地方关系中，并非按照事务的重要性（影响范围）来明确划分中央和地方各自应该承担的职责；与此同时，中央政府又不直接与企业和居民打交道，各种事务绝大多数都是层层交由地方政府来处理。由此导致的局面是：一方面，在一些全局性的事务上，例如在区域平衡发展中最为重要的基本公共服务领域中（社保、教育、医疗等），地方政府承担了更多职责。对于一个现代国家而言，其最重要的职能是保障每一个公民的基本公共服务，这是现代国家对

① 楼继伟：《中国政府间财政关系再思考》，中国财政经济出版社 2013 年版，第 74 ~ 81 页。

于每个公民的承诺，这个职责主要应该由中央政府来承担，例如中央应该建立统一的基本养老金体系，各省可以根据自己的情况在全国统一的体系上再叠加本地的养老福利；而不是由各省来自己负责养老体系的建立，中央只是承担一个在各地之间调剂的职责，从而导致一个碎片化、地区之间非常不平衡的养老体系；同样在卫生、教育等领域，情况也类似。当前在建立全国统一的基本公共服务体系方面，国家还有不少工作要做，还存在一定的缺位。

另一方面，在一些本该由地方来自行决策的地方性事务方面，现有“中央决策、地方执行”的模式下，中央又承担了较多的责任。在一些地方的经济事务上（例如地方项目审批、债务发行等），由于各级政府“事权共担”，中央和地方互相之间的责任不够清晰，中央处于防范风险的考虑，严格约束地方的行为，地方则千方百计地试图突破中央的约束。

3　区域平衡发展中的内涵和央地关系的作用

长期以来，对区域平衡发展战略的一个认识误区是将“区域平衡发展”等同于“区域同等增长”，试图通过缩小地区经济发展差距的办法来缩小不同地区间居民的生活和福利水平差距。在地区竞争的传统区域发展战略下，由于地区的发展带来经济的集聚，必然导致地区差距的不断扩大。在这种状况下，不得不采取一些行政的办法来试图人为缩小地区经济发展间的差距，从而带来效率和公平的双重损失。

2009 年世界银行出版一期《世界发展报告》，名为“重塑世界经济地理”，该报告通过严密的经济逻辑和大量的历史事实，所传递的主要信息是：一方面，经济增长在地区间的分布是不平衡的，任何在空间上均衡分配经济活动的意图最终只会阻碍经济的增长；另一方面，地区间的不平衡增长和地区间的和谐发展可以并行不悖，通过统一性的制度安排（Institution）、连接性的基础设施（Infrastructure）和指向性的激励措施（Incentive），可以推动不同地区发展的一体化，缩小不同地区居民的生活和福利水平差距，同时实现地区增长的经济利益和地区公平的社会利益。

经济在空间上的聚集促进了经济增长，同时也造成了地区之间经济发展差距的不断扩大，但这并不意味着不同地区的居民生活和福利水平的差距随之拉大。一方面，人口会随其他生产要素的流动而流动，随着生产活动和财富的集中而集中，使得以人均水平衡量的发展和收入差距得以控制。另一方面，政府通过财政转移支付等手段，实现不同地区居民所享受政府基本公共服务的均等化，从而抑制了不同居民收入和福利水平差距的持续扩大。

发达国家各地区人均收入的差距伴随着人均 GDP 的增长，都经历了一个先上升、后下降的过程。从发达国家的经验来看，地区之间首先出现趋同的是家庭基本消费领域，其次是基本公共服务领域，最后是工资和收入领域。法国和德国也都在空间经济快速集中的过程中，实现了基本福利指标的趋同。巴黎以 2% 的土地生产了 28% 的国内生产总值，但是法国国内各地区之间的婴儿死亡率差距非常小。在德国，汉堡地区是东北部落后地区的 100 多倍，但是两个地区基本福利的差异微乎其微。

与其他国家的经济发展状况类似，经济集聚也应当是我国区域发展的必由之路，由此所导致的地区之间经济发展水平差距的拉大是经济发展的必然趋势。目前我国区域平衡发展的症结不在于地区发展水平的差距，而在于不同地区居民的生活和福利水平差距过大。我国同样需要利用一体化手段来推动区域的平衡发展，一方面继续推动经济的集聚，另一方面有力缩小不同居民所享受的基本公共服务差距，促进不同地区的和谐发展。

如前所述，我国的地区不平衡发展之所以突出，重要原因之一是中央和地方关系没有理顺，各自的事权不清。因此，如果我国的央地关系能够理顺，各级政府能够实施适当的政策，经济活动的聚集与不同地区居民的生活和福利水平的趋同是可以并行不悖的，从而能够有力地促进我国区域的平衡发展。

4　政策建议

从根本上看，要推进我国区域之间的平衡发展，必须对现有的中央和地方关系加以完善，其中的核心是要合理划分不同层级政府的责权利关系。

4.1　按照影响范围原则来区分不同层级政府的责权利关系，切实加强中央在促进区域平衡发展中的事权和支出责任

按照影响范围原则来划分各级政府的责权利关系，既可促进中央政府办理全局事务的能力，又能有效保障地方政府的自主权限，它一直是推进中央地方关系改革的重要方向，符合事权划分的理论要求和国际上许多成功国家的经验，也是推进我国区域平衡发展的关键。目前的中央地方关系以及由此派生出的“中央决策、地方决策”模式和“部门同构、事权共担”体制，难以遵循按影响范围原则来划分不同层级政府责权的要求。因此，要推进按照影响范围原则来区分不同层级政府责权利关系的改革，真正实现按照影响范围原则划分中央地方

的责权利关系，必须站在更高的层面来推进相关的配套改革。

4.2 推进中央和地方关系的法治化，保障地方应有的发展自主权

从目前来看，虽然对于在不同领域，中央和地方各自到底应该管多少、具体权责如何分配以及中央部门如何向地方下放权力、怎样下放权力等一系列问题都存在争议，但对于提高中央和地方关系的规范化和法治化程度、贯彻“依法治国”的理念，还是具有广泛的共识。所以，应该将提高规范化和法治化水平作为目前中央地方关系改革工作、推进区域平衡发展的突破口。

推进按照影响范围原则区分不同层级政府的责权利关系，其中的困难之一是如何明确划分各种事务的影响范围属性。在很多情况下，一些事务既有全局影响、又有地方影响，因此该项事务的责权到底应该归属中央政府还是地方政府，并不是那么一目了然的，而是存在许多争议。与此同时，即使是中央的事务，考虑到便利性、信息复杂度等各种因素，也不是都由中央部门“一竿子到底”，而是许多还是交由地方来执行。在这种情况下推进中央和地方关系的事权改革，区分一项事务责权的归属非常重要，但比责权归属更重要的是提高这种责权划分的规范化和法治化水平。

在目前的事权划分改革中，已经明确了“适度加强中央事权和支出责任，国防、外交、国家安全、关系全国统一市场规则和管理等作为中央事权”以及将“区域性公共服务作为地方事权”的方向。可以看到，完全属于中央的事权和完全属于地方的事权都是少数，而且是相对比较容易厘清的。绝大多数财政事权，都会是中央和地方的共担事权，其中中央委托地方执行的事权又会占据绝对的比重，这些事权的划分将会是改革的难点。目前大量的这种事权划分很多依据的是各

个职能部门的文件，存在一定的随意性和不确定性。因此，要将中央和地方事权划分的法治化、尤其是中央各部门委托地方事务的规范化作为突破口。

以日本的经验为例[①]，在其原先的体制中，中央省厅也有着大量向地方政府委托交办的事务，中央省厅对地方政府的事务有着压倒性权威，并进行了事无巨细的干涉。日本在改革过程中所采取的根本举措是："尽可能地缩小各中央省厅对细节部分的行政统制，特别是摒弃没有法令明文依据的通知通告等不透明的干预，彻底贯彻'依法行政'的理念"，将原先中央省厅委托给地方执行的"机构委任事务"，明确区分为由地方自行决策实施的"自治事务"和有法律明文规定的"法定受托事务"，从而实现中央委托地方事务的法治化。

中国中央和地方关系的下一步改革，可充分借鉴日本的做法和经验，在中央各部门委托地方事务的规范化和法治化上取得实质性的进展，以有力推动地区之间的平衡发展。

4.3　及时将规范中央地方关系的行政文件上升为法律法规

目前许多规范中央和地方关系的重要制度安排，只是通过行政文件的方式加以确定，其权威性和规范性的程度有待提高，应及时将这些行政文件上升为法律法规，例如中央和地方税收安排等一系列文件。

此外，应该考虑制定相关的《中央与地方关系法》，这也是重构中央与地方关系、建立地方新激励机制的必然举措。出台像《中央与地方关系法》这样规范中央和地方关系的一部法律，此类的建议由来已久，然而都因牵涉面过广、难度太大而始终停留在建议层面。如果

---

① 西尾胜：《日本地方分权改革》，社会文献科学出版社 2013 年版，第 17 ~ 18 页。

暂时还无法出台一部规范中央和地方关系的综合性法律，那么可以考虑一些专门的法律，例如针对中央与地方事权划分的法律条令，事实上目前已有大量的文件表述了相关的原则和内容，如果能够提升这些文件表述的权威性和规范性，制定专门的法律法规，将会有力地推进下一步的事权划分改革。

执笔人：宣晓伟

参考文献

[1] Fujita, M., P. Krugman, and A. J. Venables. 1999. The Spatial Economy: Cities, Regions and International Trade. Cambridge, MA: MIT Press.

[2] Krugman, P. R. 1991. Increasing returns and economic geography. Journal of Political Economy 99: 483 – 99.

[3] Gabriella, M., Qian, Y., and Weingast, B. R. (1995)" Federalism, Chinese Style: The Political Basis for Economics Success in China", World Politics, 48 (1), pp. 50 ~ 81.

[4] Qian, Y., and Weingast, B. R. (1997) "Federalism as a Commitment to Preserving Market Incentives", Journal of Economic Perspectives 11 (4), pp. 83 ~ 92.

[5] Xu, Chenggang (2011) "The Fundamental Institutions of China' s Reforms and Development", Journal of Economic Literature, Vol. 49 – 4, P1076 ~ 1151.

[6] World Bank. 2009. Reshaping Economic Geography, World Development Report.

[7] 冯兴元．地方政府竞争——理论范式、分析框架与实证研究．上海：译林出版社，2010

[8] 兰德尔·奥图尔．规划为什么失败．上海：上海三联书店，2016

[9] 楼继伟．中国政府间财政关系再思考．北京：中国财政经济出版社，2013

[10] 西尾胜．日本地方分权改革．北京：社会文献科学出版社，2013

[11] 周飞舟．以利为利——财政关系与地方政府行为．上海：上海三联书店，2012

[12] 周黎安．我国地方官员的晋升锦标赛模式研究．经济研究，2007 (7)

[13] 张五常．我国的经济制度．北京：中信出版社，2004

专题四

消除机会不均等促进区域平衡发展

经过40年的改革开放，中国经济发展水平得到了大幅度的提升，人民生活明显改善。然而在经济快速增长的同时，我国曾一度出现了收入差距不断扩大的现象。中央对此高度重视，采取了一系列诸如区域协同发展、城乡一体化的宏观发展战略和转移支付的微观政策工具，阻止了贫富差距的进一步扩大。这些成绩的取得来之不易，不过还是应该再追问一句，我们是否已经消灭了不平等产生的原因：如果不平等产生的温床依然存在，不平等的减少只会是暂时性的，贫富差距再次拉大很可能会再次出现。由于机会不均等正是产生结果不平等的主要原因之一，如果不能够做到机会均等，结果不平等的缓和可能只是暂时的。此外，为解决不平等问题，相较于从结果平等上着力，可能营造机会平等的环境更为根本，也更为经济。

严重的机会不均等不利于社会的稳定及长期可持续发展。第一，机会不均等会影响人们的公平感以及归属感，进而影响对制度的认同。小到一项政策安排，大到社会制度，能够带来公平感是人们支持的根本原因。在中国发展的道路上，无时不面对着各种制度的挑战，如何确保人民群众对我国制度安排的认同，最重要的是给与人们以公平感，这就需要我们关注那些影响机会公平的制度安排。第二，发展机会的不平等往往意味着社会结构的复制再生，尤其对于贫困群体来说，会形成个人发展的“陷阱”。暂时的贫困仅仅是物质匮乏，但当贫困通过家庭传递成为一种常态，弱势群体将从根本上失去向上流动的希望。比贫困和落后更可怕的是贫困代际传递。阻止贫困现象代际传递，是扶贫攻坚行动的“升级版”。迈向没有贫困的未来，必须消除贫困的代际传递。第三，社会既患寡，也患不均，更为可怕的是个体没有改变自己命运的可能。当个体有着公平的发展机会，个体更容易将收入差距视为公平竞争的结果以及个人发展的机遇，因而更容易忍耐甚至是接受收入差距。换而言之，当个体的前途很大程度上由家庭背景决定时，收入差距的出现很大程度上体现了发展机会的不平等，此时，收入差距更容易引致社会矛盾。

党的十九大报告指出，现阶段中国社会的主要矛盾已转化为人民日益增长的美好生活需要和不平衡不充分的发展之间的矛盾。党和国家今后工作的重点就是要解决发展不平衡不充分的问题。在经济高速发展的背后，贫富差距等问题集中体现了发展不平衡的问题，成为全面建成小康社会的重要障碍。如何解决阶层固化问题，实现人们在发展机会上的公平，成为解决贫富差距的重要方面。

1 机会不均等在三个层次上的表现

客观地说，支撑个人成功的决定因素分为两类：一类是个人无法控制的“环境”，如家庭背景、社会环境；另一类是个人的“努力”。在“环境”因素对最终结果不产生影响，个人成功与否取决于个人的努力程度时，就实现了机会平等。无论个人的家庭、社会、经济和政治背景如何，人生早期的各种基本机会获得应该是平等的。不然，由于基本机会不均等是由个人无法控制的因素导致的，而不是因为自身的努力和选择，那么这种不平等在一定程度上更会影响公民的心理平衡感，进而影响社会稳定。

机会不均等主要体现在家庭之间、地区间、地区内部三个层次上。

1.1 家庭之间的机会不均等

家庭背景对个人发展的影响是至关重要的。这不仅包括基因遗传的因素，还包括父母对子代的教育投入、生活习惯的养成，文化资本的塑造等因素，甚至是家庭关系网络在子代上学、就业等环节的影响。

家庭之间的机会不均等，反映的是父代经济地位如何影响子代经济地位，影响不平等在代际间的传递，是个体在发展机会上不平等的重要来源，也成为检验机会公平与否的一个重要标准。所谓的“龙生龙、凤生凤”所描述的“二代”现象，就是对家庭之间的机会不均等最为直观的描述。

1.2 地区间的机会不均等

个人成功的外部影响因素还包括所在地区的社会环境。面对家庭背景因素对个人发展的影响，政府对于教育、医疗、就业等领域的投入，能够有效地为个人提供公平的社会成长环境，减弱了家庭背景对个人的影响，尤其是可以有力阻断贫困在代际间的传递，缓解机会不均等问题。

然而各地区之间由于发展程度的差异，政府财力存在较大的差距，用于教育、医疗等公共卫生服务领域的投入也存在不小的差距。

这些差距进而造成了不同地区居民发展机会的不平等。尤其是发展落后的地区，受限于政府财力，用于教育、医疗等领域的投入更少，对于贫困代际传递的切断效应要更弱。换而言之，经济发展落后的地区，更可能是一个缺乏机会公平的地区。而缺乏机会公平的地区，更可能在区域发展中处于落后的境地。

1.3 地区内部的机会不均等

地区内部公共产品以及公共服务的均等化水平也影响着地区内部不同人群的机会均等程度。地区内部不同群体所享受到的公共产品与公共服务也存在差距，由于基础设施等公共产品供给会改变个体的外部环境，因而进一步导致地区内部不同居民发展机会的不平等，主要体现为地区内部城乡居民之间的机会不均等。

2 机会不均等与区域平衡发展的关系

2.1 区域发展不平衡会进一步加剧区域间机会不均等

换而言之，经济发展落后的地区，更可能是一个缺乏机会公平的地区。作为不平等现象的起点，基本机会不均等是由个人无法控制的环境因素导致的，而不是由个人的努力和选择差异造成的。面对家庭背景等因素对个人发展的影响，政府对于教育、医疗等领域的投入，减弱了家庭背景对个人的影响，可以有力地阻断贫困在代际间的传递。而发展落后的地区受限于政府财力，用于教育、医疗等领域的投入更少，对于贫困代际传递的切断效应要更弱。

2.2 机会公平缺乏的地区，更可能在区域发展中处于落后的境地

一方面，在一个缺乏机会公平的地区，由于人力资本投资回报

相对较低，人们进行人力资本投资的动机会减弱，这不利于本地区的人力资本形成与积累，并最终会影响到本地区的创新以及持续增长动力。另一方面，在一个阶层相对固化的地域，人们会由于缺乏公平感，用脚投票，离开该地区。并且由于劳动力流动成本的存在，能够进行流动的人群都是有能力负担这一成本的，这种自选择的存在意味着无法进行流动而被迫留在本地区的都是一些生产能力相对较弱的人群。人口的迁移改变了本地区的人口结构，从而不利于本地区发展。

2.3　妥善处理好区域间机会不均等的问题有助于中国梦的实现

不平等问题与经济增长问题是经济学中的两大主要问题。收入不平等一定程度上是社会分工之后经济效率提高的结果。从静态的角度看，效率与公平之间存在矛盾。然而如果政府试图按照强行再分配去实现静态平等，必将遭到巨大阻力，也将对经济运行效率产生不利影响。美国人民极大地低估了美国社会的不平等，因为美国社会具有较高的流动性，他们认为每个人都能通过自己的努力，过上有大房子、大车子的生活①。要实现效率和公平的相互促进，必须要有动态的视角。合理健康的代际流动性，一方面能够保证社会的动态平等；另一方面能够保持社会活力，促进效率提升和经济增长。社会应该追求的是机会平等而非结果平等，政府真正需要做的是努力营造一个公平的环境，促进代际地位的健康合理流动，而并非简单地缩小贫富差距。可以说，代际流动问题是联系不平等问题与经济增长问题的纽带，是协调二者矛盾关系的着力点。在现实层面，当前中国正处于全面建成

① 颜色：《中国社会阶层固化有多严重?》，2016，http：//mt. sohu. com/20160304/n439343330. shtml。

小康社会的关键时期，防止阶层固化、减缓贫困现象代际传递，对于我们成功跨越“中等收入陷阱”，保持经济增长持久活力具有重要的现实意义。

3 我国机会不均等的现状

长期以来，各国政策大都以减少或消除收入或消费等结果的不平等作为消除贫困的主要目标，而《世界发展报告》（2006）早就指出，如果没有机会平等，也就没有权利平等，自然不会有结果平等。由于平等的发展机会能有效地降低贫困、加速同代和代际间向上的流动性，与结果不平等相比，机会不均等更应予以关注。相关公共政策不仅应消除或减少结果不平等，更要致力于减少机会不均等，并且相对于成人，儿童的机会不均等更应该引起重视。

（1）我国存在较为明显的代际传递现象。以教育为例，一方面，子代的受教育水平平均比父母最高受教育水平要高出 6.43 年；另一方面，父代受教育程度在很大程度上影响了子代的受教育程度，父代受教育程度每增加一年，子代的受教育年限平均增加 0.43 年（见图 1）。

（2）从时间趋势上来看，我国不同年份出生人群的代际固化现象呈现出先不断上升，并在 1990 年左右达到顶峰，随后开始下降的趋势。在现实中，大约从 2009 年夏天开始，“富二代”“穷二代”和“官二代”等词汇开始在网络上频繁出现，随后“二代”话题进入 2010 年全国“两会”的讨论。巧合的是，这一时间结点正值代际固化最为严重的 1990 年出生人群成人之时。

代际固化现象的加剧伴随我国市场化改革的进行，这不免让人猜测是否是市场化的推进恶化了机会不均等，加剧了代际传递。实际上，

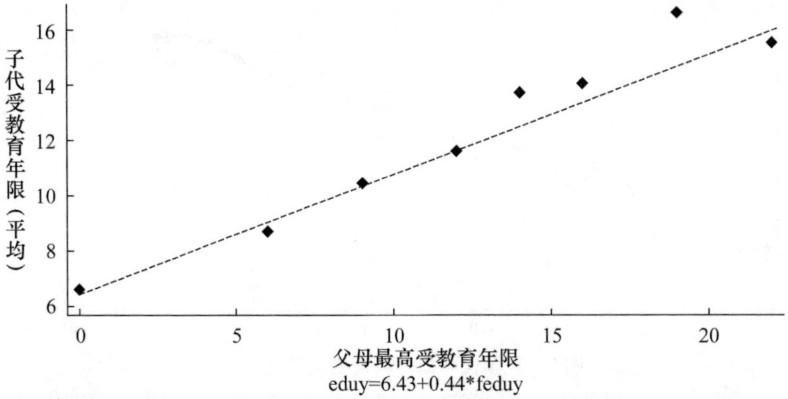

图 1　我国代际教育传递情况

注：对原始数据进行父代与子代配对处理，得到 54645 对“父母 – 子女”组合。此处用的为配对后的全体样本。

资料来源：如未进行特殊说明，文中所用数据均来源于中国家庭追踪调查（CFPS）2016 年数据。

市场化改革为人们提供了更多的教育、就业选择，有助于打破既有的阶层壁垒。然而在改革开放之初，市场化程度还不够完善，资源分配不够公平，容易成为一些人群“近水楼台先得月”巩固自身阶层的工具。

（3）分地区来看，在 1978 年之前出生的群体中，东部、中部、西部的代际固化程度呈现相同的走势，并且代际固化水平相当，而在 1978 年之后，东部、中部、西部开始出现差异。其中东部和中部地区的代际固化程度在小幅增长之后，随即出现了下降的趋势，尤其是东部地区的下降幅度较为明显。而西部地区的代际固化程度持续走高，与东部、中部地区的差距越来越大。

改革开放的推进，使得东部沿海地区快速融入国际市场中，实现了较快的发展。充足的政府财政保障了公共产品以及公共服务的供给，能够较好地缓解了代际传递现象。而西部地区，由于地处内陆，发展相对滞后，从而对代际传递的缓解作用相对较弱。

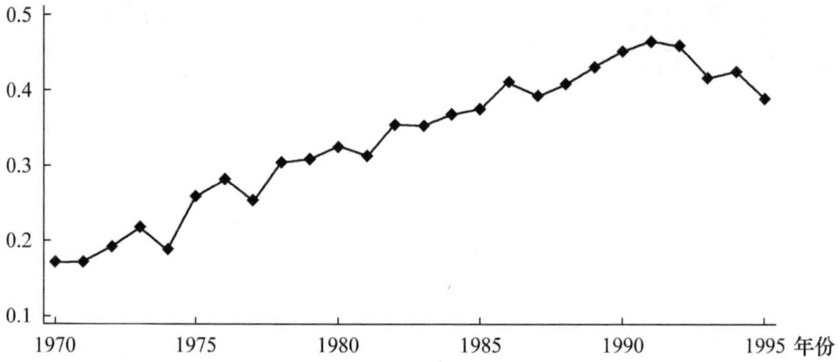

图 2　我国代际固化程度变动趋势

注：1. 代际固化程度指标的构建：利用匹配所得“父代－子代”配对样本，估计方程 $eduy_i = \alpha + \sum_{j=1970}^{j=1995} \beta_j Cohort_{ij} \cdot feduy_i + \varepsilon_i$，其中 $eduy_i$、$feduy_i$ 分别为子代个体 i 的受教育年限及其父代的受教育年限；$Cohort_{ij}$ 为出生群组虚拟变量，当个体 i 在 j 年出生时记为 1，否则为 0，$j \in [1970, 1995]$；所估计出的系数 β_j 为 j 年出生人群的代际固化程度。2. 以受教育水平为依据考察代际固化（流动）情况，需要利用个体最终的受教育程度，由于本文所用数据为 2016 年，为保证估计代际固化系数的准确性，分析最晚截止到 1995 年出生的人群。

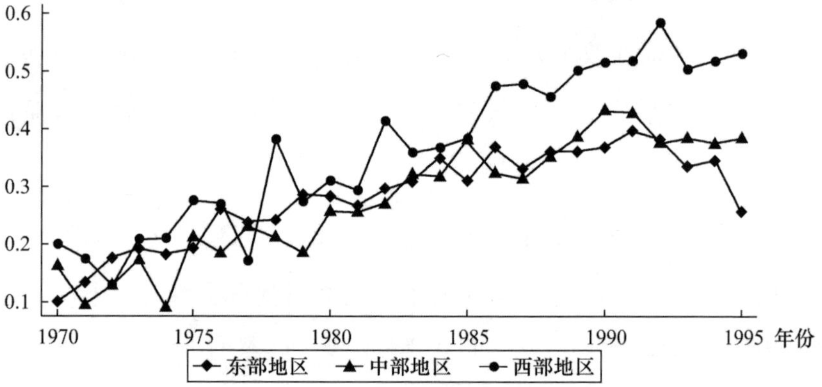

图 3　分地区我国代际固化变动趋势

（4）分省份来看，我国的代际固化程度呈现出较为明显的区域差异。其中，虽然东部地区的整体代际固化程度相对较弱，但上海、北京、浙江、天津等地的代际固化较为明显。这意味着，并非经济越发达的地区代际流动性越高。一方面，不管是教育还是职业选择，更为发达的市场经济为人们提供更多的选择机会，这会增加富人群体强化自身阶层传递的能力。另一方面，这可能是因为代际流动性与本地区公共服务均等化程度有关。城乡教育存在较大差距，优质教育资源分配不均衡问题突出，这些都会导致发达地区的代际流动性较低。

表1　我国代际固化的区域差异

省　份	代际固化程度	省　份	代际固化程度
内蒙古	0.84	重　庆	0.42
上　海	0.64	海　南	0.42
北　京	0.63	四　川	0.41
浙　江	0.61	吉　林	0.41
天　津	0.58	陕　西	0.40
湖　北	0.53	河　北	0.38
江　苏	0.53	河　南	0.38
湖　南	0.50	新　疆	0.38
黑龙江	0.47	江　西	0.38
山　东	0.47	云　南	0.37
辽　宁	0.45	甘　肃	0.36
安　徽	0.44	福　建	0.36
广　东	0.43	广　西	0.35
山　西	0.42	贵　州	0.32

注：由于数据缺失或数据量过小，缺少宁夏回族自治区、青海省、西藏自治区、中国香港特别行政区、中国澳门特别行政区以及中国台湾省的代际固化数据。

4　政策建议

当前我国面临区域发展不平衡的问题，其中，区域发展的不平衡是不平等在区域层面上的体现，本质上体现为区域上的发展不平等。找准病灶，制定针对性的收入分配及教育等公共政策，对于促进区域平衡发展、实现全面建成小康社会，具有重要的指导意义。

4.1 注重贫困儿童的早期教育问题，消除贫困的代际传递

习近平总书记指出，要把发展教育扶贫作为治本之计，切断贫困代际传递。儿童早期所接受的教育会对其生产生活的深远的影响，因此做好儿童尤其是贫困儿童的早期教育工作，是消除贫困代际传递的重要途径。对于当前的扶贫工作而言，应当将教育扶贫视为斩断贫困代际传递的重要政策着力点。

4.2 加强对落后地区的支持力度，增加区域间机会均等化

加大对经济发展落后地区的基础设施投入以及转移支付力度，增加对贫穷地区与贫困人口的教育支持。同时，推进西部以较快的速度实现持续发展，培育东北等老工业基地内生发展动力，加快中部地区的工业化和城镇化，促进区域平衡发展，增强各地区切断贫困传递的内生动力。

4.3 注重区域内部公共产品与公共服务的共享，实现公共服务的均等化

制定针对性的收入分配及教育等公共政策，要促进改革开放红利在城乡之间、地区之间更加公平地分享，实现公共服务在地区间、城乡间的均等化。实施乡村振兴战略，尤其是做好农村地区的扶贫攻坚工作。

4.4 改善教育机会分配，营造公平的劳动市场环境

从纵向维度上来看，机会不均等分为教育机会不均等和就业机会不均等。一是增加政府对教育的财力投入，改善教育机会的分配公平性，降低家庭背景对教育机会获得的影响，实现教育机会公平；二是

营造公平的劳动力市场环境，减弱甚至消除劳动力市场中家庭背景对初职社会经济地位的直接影响，强化绩效原则，建立良好的社会选择机制，不断提高教育等自致性因素的劳动力市场回报。

4.5　加快推进户籍制度改革，促进人口自由合理流动

促进人口自由合理流动，以增加就业机会等方式摆脱“代际低收入传承陷阱”。推进户籍制度改革，保障流动人口的合法权益，让养老、医疗、教育可以随人口的流动而迁移，避免“工作贡献在东部，养老负担在西部”的局面。

执笔人：刘小鸽

专题五

激发中西部地区城镇化的内生动力

我国城镇化存在深刻的区域不平衡。2017 年末，东部地区的城镇化水平达到67%，远高于中部地区的54.9%和西部地区的51.6%。进一步促进中西部地区城镇化，不仅有利于突破全国城镇化瓶颈，也有利于缩小地区收入差距和城乡收入差距。当前，我国中西部地区净转移支付很高，人均财政支出和人均固定资产投资水平也赶上东部地区，通过转移支付促进中西部地区城镇化的潜力已经有限，也不利于提高其城镇化质量。民营经济发展和社会公共服务投入不均衡则是制约中西部地区城镇化的症结所在。应当跳出“动人”和“动钱”的策略之争，通过深化改革激发中西部地区城镇化的内在动力。

1　进一步促进中西部地区城镇化意义重大

改革开放以来，我国城镇化率从1978 年的17.91%提高到2018 年的59.58%，为中国经济的高速发展奠定了坚实基础[①]。但与此同时，

① 国家统计局：《中国统计年鉴 2018》，中国统计出版社 2018 年版。

我国城镇化也存在深刻的区域不平衡。虽然西部大开发和中部崛起战略有力推动了中西部发展，但其城镇化相较于东部地区仍然相对滞后。2017 年末，东部地区城镇化水平达到 67%，远高于中部地区的 54.9% 和西部地区的 51.6%（图 1）。进一步促进中西部地区城镇化，不仅有利于突破全国城镇化瓶颈，也有利于缩小地区收入差距和城乡收入差距。

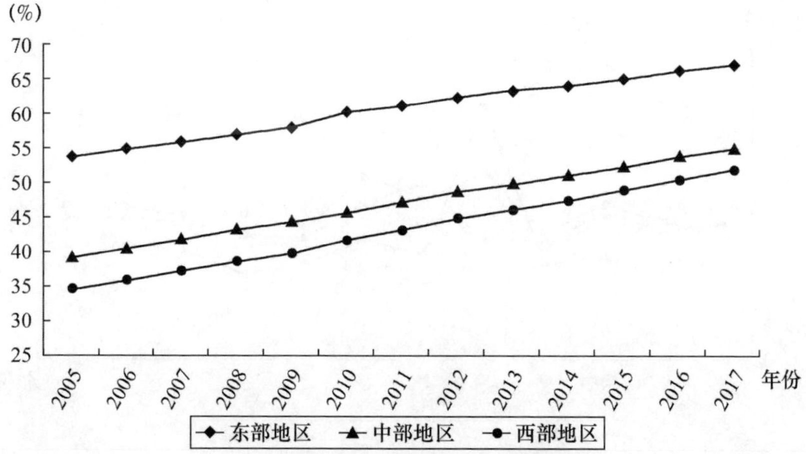

图 1　2005～2017 年分区域城镇化率

注：城镇化率由城镇人口（常住口径）占年末常住人口比重计算。东部包括：北京、天津、河北、辽宁、上海、江苏、浙江、福建、山东、广东、海南 11 个省市；中部包括：山西、吉林、黑龙江、安徽、江西、河南、湖北、湖南 8 省；西部包括：内蒙古、广西、重庆、四川、贵州、云南、西藏、陕西、甘肃、青海、宁夏、新疆 12 个省、市、自治区。

资料来源：笔者根据中国统计数据应用支持系统数据计算。

1.1　突破全国城镇化瓶颈的需要

根据国际经验，城镇化水平在 30%～70% 之间，处于快速发展阶段；超过 70%，速度会明显趋缓。目前，我国城镇化水平接近 60%，仍有发展空间，但增速已从 2017 年的 1.17% 下降到 2018 年的 1.06%[①]。中西部地区为我国城镇化突破瓶颈提供了广阔的空间。一

① 参见《国民经济和社会发展统计公报》2017 年和 2018 年。

方面，中西部仍处于城镇化快速发展阶段。东部城镇化水平已接近城镇化后期，增速明显下降；中西部地区仍然处于城镇化中期，增速保持较快增长（图2）。另一方面，中西部地区城镇化潜力很大。中西部农村人口占全国总人口的65.57%（图3）。如果其城镇化达到东部地区2017年的相同水平，全国将新增1.1亿城镇人口，城镇化率提升7.42个百分点。

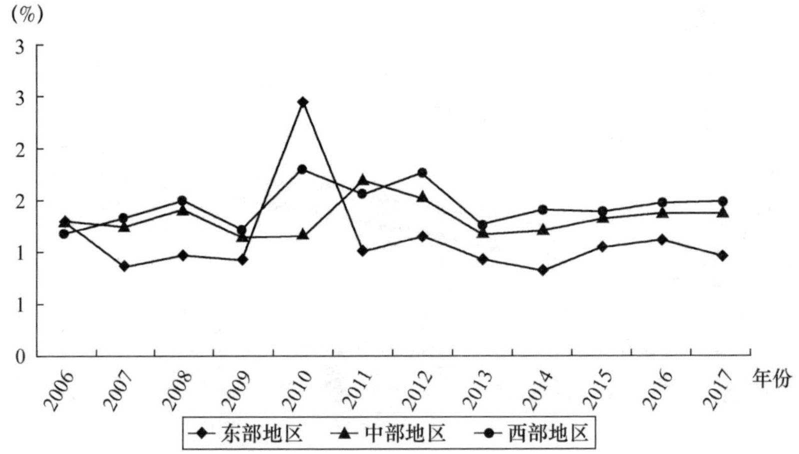

图2 2005~2017年分区域城镇化率增速（常住口径）

资料来源：笔者根据中国统计数据应用支持系统数据计算。

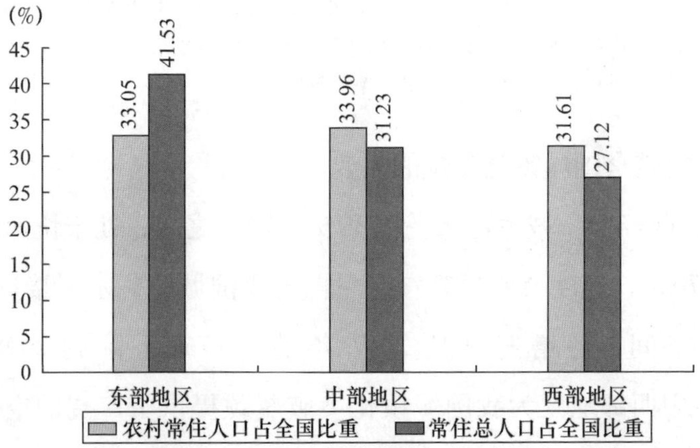

图3 2017年分区域农村常住人口占全国比重、常住总人口占全国比重

资料来源：笔者根据中国统计数据应用支持系统数据计算。

1.2　缩小区域收入差距的需要

区域收入差距是我国经济发展不平衡的重要表现，近年来虽有所缩小，东部、中部、西部三地区相对人均收入从2015年的1.38∶0.8∶0.7下降到2017年的1.27∶0.84∶0.77，但仍然处于较高水平，且降幅趋缓（图4）。城镇化可以让劳动力从低效率的农村部门进入高效率的城市部门，提高人均收入水平。2017年分省数据表明，城镇化率与人均收入呈正比（图5）。由此可见，进一步促进中西部地区城镇化，减少城镇化区域不平衡，有助于提高中西部人均收入，缩小区域收入差距。

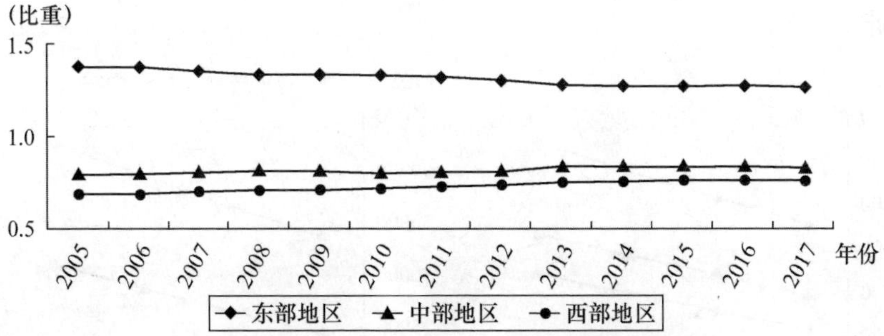

图4　分区域人均可支配收入占全国平均水平比重

资料来源：中国统计局，笔者根据EPS DATA数据计算。

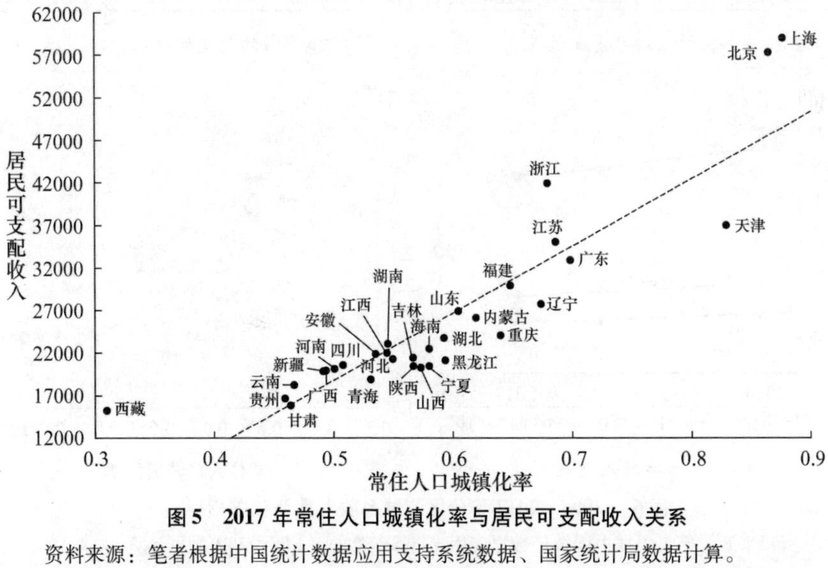

图5　2017年常住人口城镇化率与居民可支配收入关系

资料来源：笔者根据中国统计数据应用支持系统数据、国家统计局数据计算。

1.3 缩小城乡收入差距的需要

城乡收入差距是我国收入差距最重要的因素。在二元经济结构下，城镇化可以吸引农村剩余劳动力进入城市，从而提高农村人均收入水平，缩小城乡收入差距。正是由于城镇化区域不平衡，我国农村人均收入呈“东部 > 中部 > 西部”的阶梯状。不过，由于东部地区城市人均收入更高，而中西部地区相近，城乡收入差距表现为“西部 > 东部 > 中部”的特征。以截面数据看，城镇化率与城乡收入差距呈反比（图6）。由此可见，进一步促进中西部城镇化有助于缩小城乡收入差距。

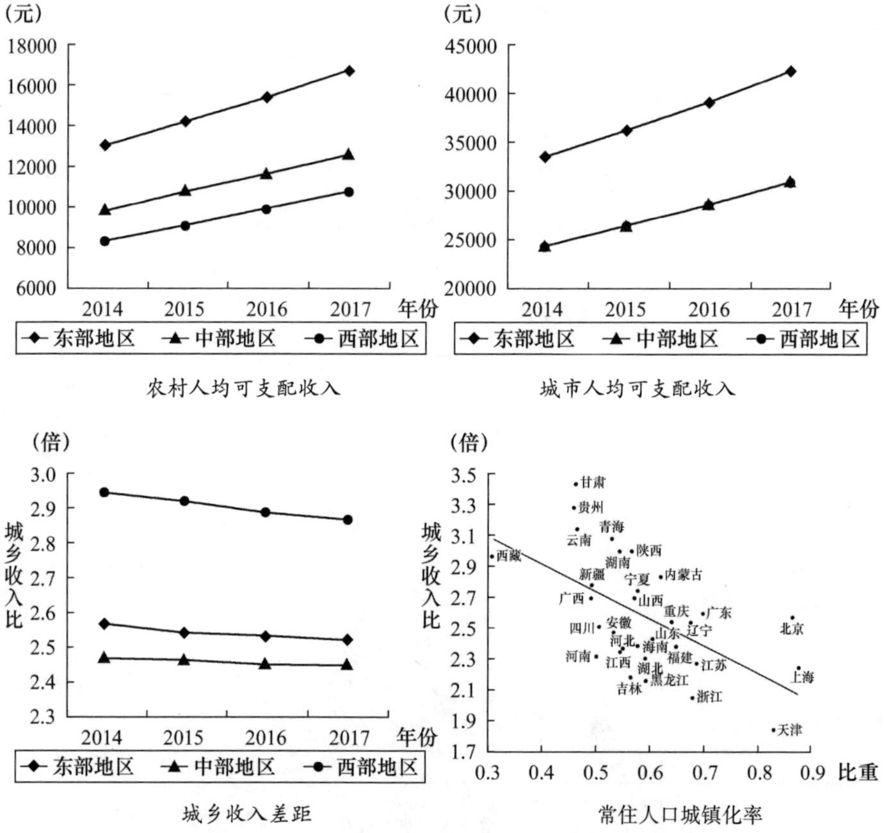

图6　2004～2017年分区域城乡收入差距相关指标

资料来源：笔者根据中国统计数据应用支持系统数据、EPS DATA数据计算。

2　进一步促进中西部地区城镇化必须激发内生动力

2.1　通过转移支付促进中西城镇化的潜力已经有限

我国经济体制改革始于东南，扩展至东部，再延伸入内地。在相当长一段时期，东部与中西部地区发展差距扩大。直到西部大开发、中部崛起等战略的实施，中央政策向中西部倾斜，发展差距才逐步缩小。但当前进一步通过转移支付促进中西部城镇化的潜力已经有限。

第一，中西部地区净转移支付比重已经很高。净转移支付比重可以衡量一个地区得到中央转移支付的水平。我们将一个地区中央补助收入减去上解中央支出，作为净转移支付；再将这一数值与财政支出合计之比作为净转移支付率。中西部地区净转移支付比重远高于东部地区（图 7）。2016 年，东部、中部、西部三大区域分别为 19.55%、49.6% 和 54.96%。这种情况下，进一步向中西部地区增加转移支付的潜力已经有限。

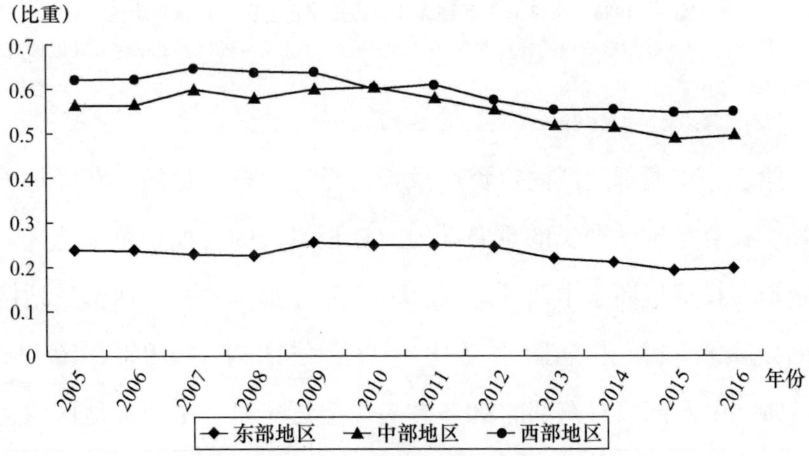

图 7　2005～2016 年分区域净转移支付比重

资料来源：财政部、国家税务总局，笔者根据 EPS DATA 数据计算。

第二，中西部地区人均财政支出已经接近东部地区。人均财政支出占全国平均水平的比重能够衡量地方政府支持经济发展的财力差异。1992 年市场化改革进一步推动后，东中西部三地区的财力呈现先分化后收敛的格局。当前西部地区已经追上了东部地区，但中部地区仍然落后于其他两地区。2017 年，中部地区人均财政支出占全国水平的 83.8%，西部地区为 106.8%，东部地区为 108.1%，中部地区低约 24 个百分点。

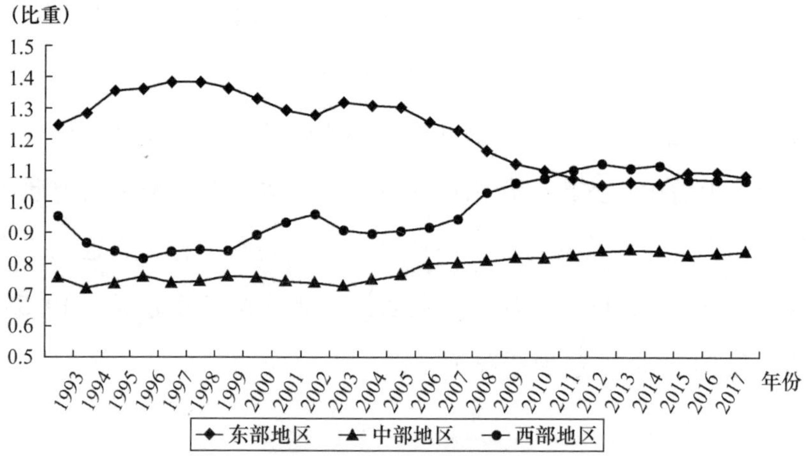

图 8　1993 ~ 2017 年分区域人均财政支出占全国平均水平比重

注：分区域人均财政支出的计算方法是，该区域地方财政一般预算支出之和除以该区域年末常住人口之和。

资料来源：笔者根据中国统计数据应用支持系统数据计算。

第三，中西部地区固定资产投资已经追上东部地区。在经济发展初期，投资是推动增长的重要动力。在相当长的时期，东部地区人均固定资产投资远高于中西部地区。2003 年东部、中部、西部三地区人均固定资产投资占全国水平比重衡量分别为 140.9%、56.6% 和 56.2%，中西部只有东部的 40% 左右。但近年来，中西部地区快速追赶东部地区。2017 年，这一比重已变为 103.5%、95.3% 和 97.6%，三个区域已相差无几。

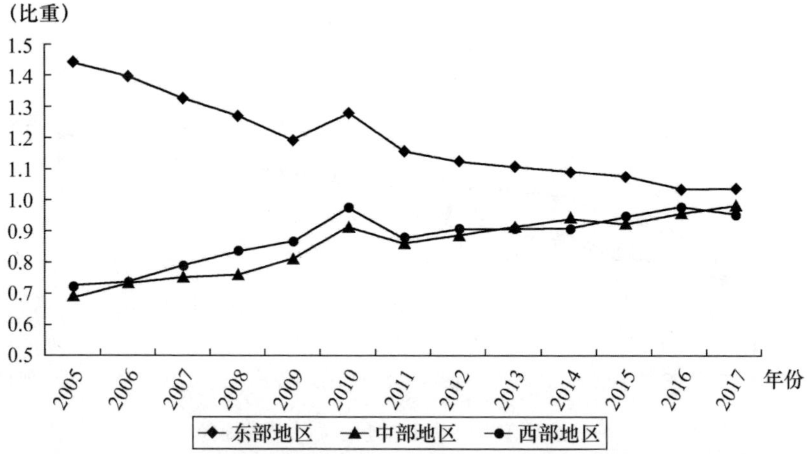

图9　分区域人均固定资产投资占全国平均水平比重

注：分区域人均固定资产投资的计算方法是，该区域全社会固定资产投资之和除以该区域年末常住人口之和。

资料来源：笔者根据中国统计数据应用支持系统数据计算。

2.2　中西部地区城镇化原有路径不利于提高城镇化质量

通过转移支付和投资来推动城镇化会产生两个弊端。一是土地利用效率低。在这一城镇化路径下，地方政府有激励通过高价的商业用地获取财政收入，通过低廉的工业用地招商引资，而不在乎土地利用效率的高低。我们以二、三产业增加值与建成区面积之比衡量“非农产业密度”，可以看到，东部地区一直高于中部和西部地区（图10）。二是人口城镇化滞后于产业发展。以投资为主导的城镇化更追求产值的增加而非人口的流入，由此导致非农产业比重高于城镇人口比重。我们以非农产业比重同城镇人口比重的差值衡量，发现虽然2005年至今三大区域都在下降，但中西部地区始终远高于东部地区（图11）。

随着我国经济发展进入新阶段，亟待提高城镇化质量。中西部地区必须转变城镇化路径，提高土地利用效率和人口城镇化比例。

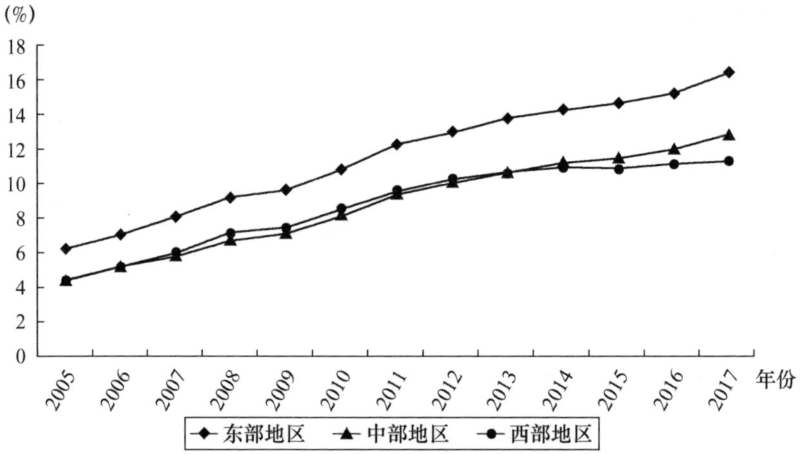

图 10 2005～2017 年分区域土地利用率

注：土地利用率由“分区域二、三产业增加值之和/分区域建成区面积之和”得到。

资料来源：笔者根据中国统计数据应用支持系统数据计算。

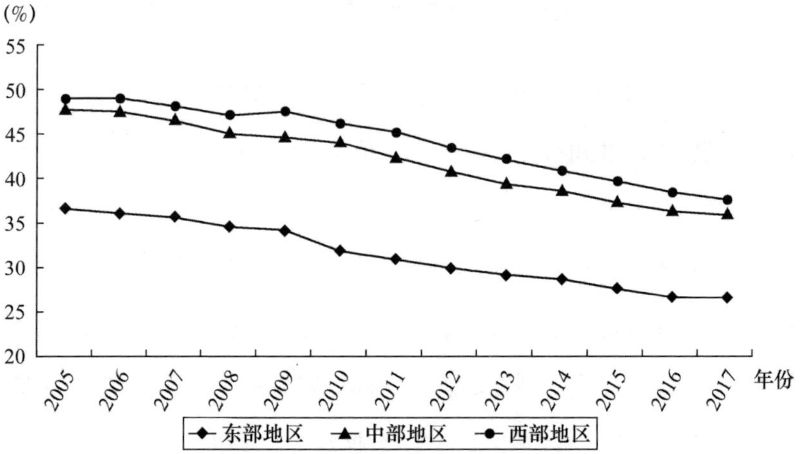

图 11 分区域二、三产业增加值比重与城镇化水平的差距

资料来源：国家统计局，笔者根据 EPS DATA 整理数据计算。

2.3 内生动力不足是当前中西部地区城镇化的问题所在

2.3.1 民营经济发展不充分

我国不仅存在城乡二元结构，在城市内部也存在所有制二元结构。两者的连接点就是民营经济发展。一方面，民营经济是吸引劳动力从农村进入城市的主动轮；另一方面，民营经济发展也将逐渐减少低效率国有经济所占份额。因此，一个地区民营经济发展具备两种效应。

一是城镇化效应。一方面，民营经济吸引农村劳动力进入城市，将增加农村人均产出水平，提升其人均收入；另一方面，城市部门效率高于农村，城市部门所占比重增加也将提升城乡整体人均产出水平。

二是资源再配置效应。高效率民营经济相较国有经济比重的上升，将在不增加人均资本和劳动的情况下提高城市人均产出。有助于发展方式从依靠政府主导的固定资产投资转向创新驱动发展。

我国民营经济发展同样存在区域差异。中西部地区民营经济虽然也快速发展，但发展程度一直落后于东部地区。以城镇私营企业就业占比衡量，2017 年中部和西部分别落后东部 10.01% 和 18.33%。

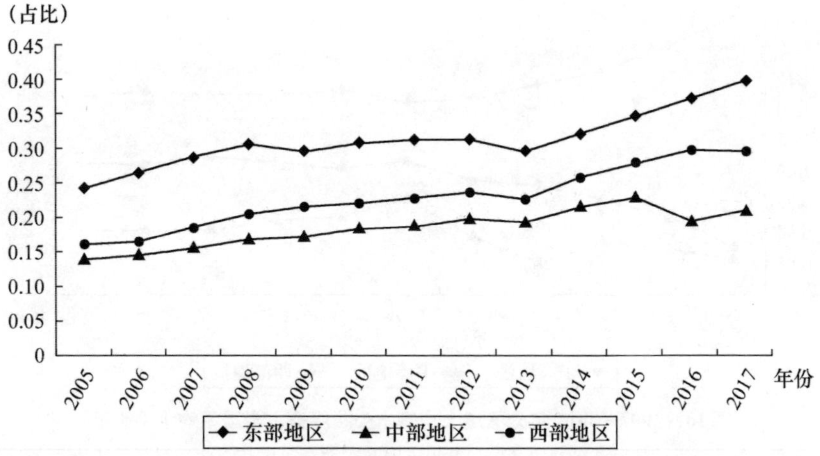

图 12　分区域城镇就业中私营企业就业占比

资料来源：笔者根据中国统计数据应用支持系统数据计算。

2.3.2　基本公共服务分布不均

改革开放后的很长一段时间，我国政府将有限的资源集中投向效益较高的东部和城市地区，构成倾斜式发展战略。这在充分发挥集聚效应，促进经济更快增长的同时，也加剧了地区之间发展水平的分化。

随着市场化改革的推进，市场配置资源要素的作用不断扩大，要素流动逐渐从集聚向扩散转变，但扩散效应的发挥同样受到公共资源配置的影响。公共资源密度越高的地区对生产要素的吸引力越大。

近年来，虽然中西部地区人均财政支出逐渐赶上东部地区，但在公共服务投入方面仍然落后。以教育、医疗卫生、科学技术等方面的投入衡量，东部地区基本公共服务明显超过全国平均水平（参见图13）。从质量上看，优质公共资源分布更加不均。随着我国进入后发追赶周期新阶段，经济增长动力要由投资为主转向技术进步为主。公共服务不均衡，不利于中西部地区人力资本积累，阻碍创新驱动发展。

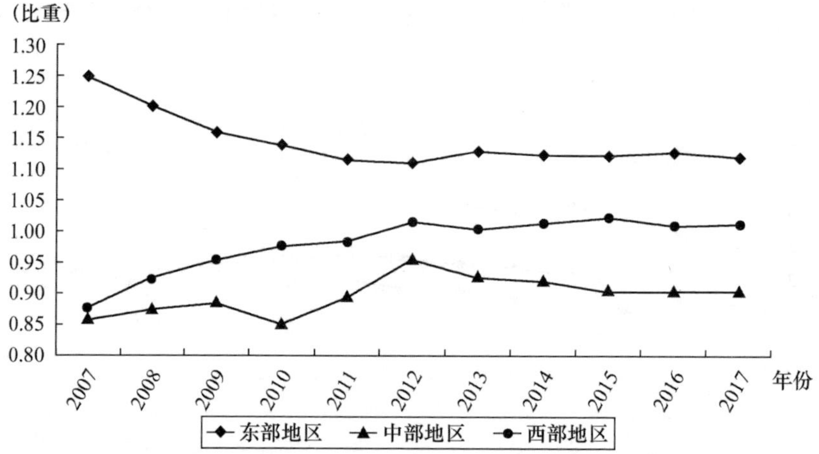

图13　2007～2017年分区域人均基本公共服务占全国平均水平比重

注：本报告统计的基本公共服务，包括地方财政在教育、医疗卫生、科学技术方面的支出。由于2007年政府支出的统计口径出现较大变化，没有计算2007年之前的情况。

资料来源：笔者根据中国统计数据应用支持系统数据计算。

3　政策建议

当前对于促进区域平衡发展的路径存在争论。一些学者认为，过去较长一段时间将资本从东部转移到西部地区的“动钱”策略，虽然促进区域发展平衡，但以严重牺牲效率为代价，他们主张将人口从西部转移到东部地区的“动人”策略（陆铭、向宽虎，2014）。

但是另一些学者对仅仅依靠劳动力的跨区域流动促进区域发展收敛，也有怀疑。由于存在产业的规模效应与资本的外部效应，劳动力跨区域流动可能反而会进一步加剧地区间经济发展的不平衡（许召元、李善同，2008；刘军、徐康宁，2010；余吉祥、沈坤荣，2013）。

本文的内生动力视角则能破解上述争论。如果不建立保障民营经济公平发展的市场环境，不促进公共服务均等化，只是依靠政府跨区域转移社会资源，则会存在低效率损失。如果只是鼓励中西部地区劳动力流转至东部地区而不推进落后地区的制度变革，也不会真正促进落后地区发展。本文的视角提供了一种新的思路。中西部地区通过加速发展民营经济、进一步增加基本公共服务投入，能够有力激发城镇化的内生动力。这在突破全国城镇化瓶颈的同时，有利于缩小区域收入差距和城乡收入差距，有力促进我国区域平衡发展和高质量发展。

执笔人：施戍杰　赵　丽

参考文献

[1] 施戍杰．我国收入差距的总体形势与应对思路．国务院发展研究中心，《调查研究报告》第102号（总5177号），2017

[2] 卓贤．科学有序地推进就近城镇化．国务院发展研究中心，《调查研究报告》第103号（总4788号），2015

[3] 刘军，康宁．产业聚集、经济增长与地区差距：基于中国省级面板数据的实证研究．中国软科学，2010（7）

[4] 石磊，高帆．地区经济差距：一个基于经济结构转变的实证研究．管理世界，2006（5）

[5] 许召元，李善同．区域间劳动力迁移对地区差距的影响．经济学（季刊），2008，8（1）

[6] 余吉祥，沈坤荣．中国农村居民工资性收入的地区差距：影响因素及路径．世界经济，2010（1）
[7] 陆铭，向宽虎．破解效率与平衡的冲突：论中国的区域发展战略．经济社会体制比较，2014（4）

专题六

从产业结构与分工格局的变化
把握长三角产业发展的主攻方向

2008年以来，长三角地区产业结构与分工格局出现明显变化，上海市金融中心功能提升，江苏省、安徽省工业地位增强，浙江省信息产业快速发展，长三角产业结构整体更趋均衡。从长三角产业分工格局看，高技术密集度制造业的集聚程度趋于下降，低技术密集制造业的集聚程度有所提升。分工格局调整导致后发地区、同构性行业的经济效益下降。未来，要对标全球产业前沿认识长三角产业体系的短板与不足，明确长三角产业发展的主攻方向与重点任务；以长三角规划协同带动产业协同发展和产业分工格局优化；坚决破除地区间利益藩篱和政策壁垒，加快产业整合集中，进一步提升区域产业能级；加大对后发地区的产业扶持力度，更好发挥区域新增长极的产业支撑作用。

习近平总书记在2018年首届中国国际进口博览会开幕式上提出将长三角区域一体化上升为国家战略，这为长三角地区实现更好发展创造了新机遇，也提出了新课题。通过区域一体化全面提升产业竞争力就是一项基础性任务。结合国家发展需要，分析近年来长三角地区产业结构与分工格局的变化特征，可以为下一步工作中规划长三角产业发展重点方向、优化产业空间布局等提供参考。

1 过去十年长三角区域产业结构的特征性变化

1.1 从增加值结构变化看，上海金融中心功能进一步提升，江苏、安徽工业地位有所增强，浙江信息产业快速增长，长三角整体产业结构更趋均衡

上海市产业能级相对弱化，金融中心功能进一步增强。2017 年，上海市地区生产总值 3.1 万亿元，占全国 GDP 比重 3.7%，比 2008 年下降了 0.7 个百分点。其中，工业增加值 8393 亿元，占全国工业增加值比重 3%，比 2008 年下降了 1.2 个百分点；第三产业增加值达到 2.1 万亿元，占全国服务业比重达到 5%，比 2008 年下降 0.8 个百分点。服务业当中，金融业 2017 年增加值达到 5331 亿元，占地区生产总值比重达 17.4%，比 2008 年提高 7.3 个百分点；占全国金融业增加值比重达 8.2%，比 2008 年提高 0.5 个百分点。

江苏省在全国工业增加值中所占比重进一步上升，服务业短板缩小，产业结构更趋平衡。2017 年，江苏省地区生产总值 8.6 万亿元，占全国 GDP 比重 10.5%，比 2008 年提高 0.8 个百分点。其中，工业增加值 3.4 万亿元，占全国工业增加值 12.2%，比 2008 年提高 0.6 个百分点；服务业增加值 4.3 万亿元，占全国服务业增加值 10.1%，比 2008 年提高 1.4 个百分点。服务业当中金融业增加值比重上升最为显

著，2017 年全省金融业增加值 6784 亿元，占全国金融业增加值 10.4%，比 2008 年提高 3.3 个百分点。

浙江省在全国工业增加值中所占比重下降，服务业内部结构出现明显变化，信息产业比重上升、金融业比重下降。2017 年，浙江省地区生产总值 5.2 万亿元，占全国 GDP 比重 6.3%，比 2008 年下降 0.4 个百分点。其中，工业增加值 1.9 万亿元，占全国工业增加值 7.0%，比 2008 年下降 0.8 个百分点；服务业增加值 2.8 万亿元，占全国服务业增加值 6.5%，与 2008 年相比没有变化。服务业当中，信息传输、软件和信息技术服务业增加值 2915 亿元，占全省地区生产总值 5.6%，比 2008 年提高了 3.1 个百分点，比 2017 年全国信息产业比重高 2.2 个百分点；金融业增加值 3533 亿元，占全省地区生产总值 6.8%，比 2008 年下降了 0.9 个百分点。

表 1　全国与长三角一市三省 2008～2017 年产业结构变化对比　单位:%

产业	2008 年分行业增加值比重					2017 年分行业增加值比重				
	全国	上海	江苏	浙江	安徽	全国	上海	江苏	浙江	安徽
第一产业	10.2	0.8	6.8	5.1	16.0	7.6	0.4	4.7	3.7	9.6
第二产业	47.0	43.3	54.8	53.9	47.4	40.5	30.5	45.0	42.9	47.5
第三产业	42.9	56.0	38.4	41.0	36.5	51.9	69.2	50.3	53.3	42.9
交运仓储	5.1	5.1	4.3	3.9	5.0	4.5	4.4	3.6	3.7	3.2
批发零售	8.2	13.7	10.1	8.8	6.9	9.5	14.3	9.4	12.0	7.1
住宿餐饮	2.1	1.7	1.9	1.8	1.6	1.8	1.3	1.6	2.4	1.9
金融业	5.7	10.1	4.2	7.7	3.5	8.0	17.4	7.9	6.8	6.2
房地产业	4.6	6.7	5.2	4.9	4.9	6.6	6.1	5.8	6.2	5.1
其他行业	16.6	18.7	12.6	13.8	14.6	21.1	25.5	21.6	21.9	18.9

资料来源：根据国家统计局网站提供数据计算。

安徽省以工业为主要带动，在全国经济总量中所占比重明显上升。2017 年，安徽省地区生产总值 2.7 万亿元，占全国 GDP 比重

3.3%，比2008年上升0.5个百分点。其中，工业增加值1.1万亿元，占全国工业增加值3.9%，比2008年提高1.3个百分点；服务业增加值1.2万亿元，占全国服务业增加值2.7%，比2008年提高0.4个百分点。

长三角地区整体来看，2008年至2017年三次产业增加值比重由6.3∶51.5∶42.2变为4.4∶42.5∶53.0，工业增加值占全国工业增加值比重下降0.1个百分点，为26.2%，服务业增加值占全国比重上升1.1个百分点，为24.3%，在继续保持工业基础地位的同时，服务业发展相对不足的问题明显改观，产业结构更加平衡。

1.2 从企业规模结构看，上海市产业集中度进一步提升、优于全国平均水平，江苏省产业集中度有所增强、略低于全国平均水平，浙江省产业集中度没有明显变化、明显低于全国平均水平，安徽省产业集中度显著下降、在长三角地区最低

2017年，上海市大中型工业企业主营业务收入2.8万亿元，占全市规模以上工业企业收入比重74.6%，比2008年提高4.5个百分点，比全国大中型工业企业收入比重高出10.9个百分点；江苏省大中型工业企业主营业务收入9.3万亿元，占全市规模以上工业企业收入比重62.2%，比2008年提高2.7个百分点，比全国大中型工业企业收入比重低1.5个百分点；浙江省大中型工业企业主营业务收入3.7万亿元，占全市规模以上工业企业收入比重55.8%，比2008年提高0.2个百分点，比全国大中型工业企业收入比重低7.9个百分点；安徽省大中型工业企业主营业务收入2.2万亿元，占全市规模以上工业企业收入比重51.7%，比2008年下降14.7个百分点，比全国大中型工业企业收

入比重低12个百分点（表2）。

表2　全国与长三角一市三省产业规模结构、所有制结构变化对比 单位:%

企业类型	时期	全国	上海	江苏	浙江	安徽
大中型企业收入占比	2008年	63.8	70.1	59.5	55.6	66.3
	2017年	63.7	74.6	62.2	55.8	51.7
	十年变化	-0.1	4.5	2.7	0.2	-14.7
国有控股企业收入占比	2008年	29.5	37.4	11.7	13.5	46.1
	2017年	23.4	40.8	11.1	15.6	25.3
	十年变化	-6.1	3.3	-0.7	2.1	-20.7
私营企业收入占比	2008年	26.3	11.3	31.7	40.7	24.8
	2017年	33.6	11.4	40.3	39.3	42.6
	十年变化	7.3	0.1	8.5	-1.5	17.8
外商及港澳台商投资企业收入占比	2008年	29.3	59.8	41.3	27.1	12.2
	2017年	21.9	60.6	32.9	22.8	11.4
	十年变化	-7.5	0.8	-8.4	-4.3	-0.8

资料来源：根据国家统计局与长三角一市三省统计局网站提供数据计算。

1.3　从所有制结构看，长三角地区内资企业收入占比普遍上升，其中，上海国有经济比重提高，江苏、安徽非公经济比重大幅提高，浙江国有经济、非公经济均衡发展

2017年，上海市国有控股工业企业主营业务收入1.5万亿元，占全市规模以上工业企业收入比重40.8%，比2008年提高3.3个百分点，私营企业、外商及港澳台商投资企业占规上工业企业收入比重分别比2008年提高0.1、0.8个百分点；江苏省私营工业企业主营业务收入6万亿元，占全省规上工业企业收入比重40.3%，比2008年提高8.5个百分点，国有控股企业、外资企业占规上工业企业收入比重分别比2008年降低0.7、8.4个百分点；浙江省私营工业企业主营业务收入2.6万亿元，占全省规上工业企业收入比重39.3%，比2008年下

降1.5个百分点，外资企业占规上工业企业收入比重分别比2008年下降4.3个百分点；安徽省私营工业企业主营业务收入1.8万亿元，占全省规上工业企业收入比重42.6%，比2008年提高17.8个百分点，国有控股企业、外资企业占规上工业企业收入比重分别比2008年降低20.7、0.8个百分点。

2 长三角区域制造业分工格局变化

制造业仍然是长三角未来产业发展的主战场，本节重点讨论长三角制造业的区域分工格局变化。

2.1 按区域看，上海、浙江是长三角地区内部制造业总体转出地，江苏、安徽是长三角地区内部制造业总体转入地

2017年，上海、浙江规上制造业营业收入占长三角地区规上制造业总收入的比重分别为13%、21.6%，比2011年分别下降了1.3、2.1个百分点[①]，制造业份额有所降低；江苏、安徽占长三角地区规上制造业总收入比重分别达到51.3%、14.1%，比2011年分别提高了0.5、3.0个百分点。分制造业大类行业来看，2011~2017年，31个行业中，上海、浙江占长三角区域营收比重上升的行业都只有4个，江苏占区域营收比重上升的行业有24个，安徽占长三角区域营收比重上升的行业高达26个。江苏在长三角地区的制造业支柱性地位进一步巩固，安徽成为长三角地区新的制造业增长极。

① 由于规模以上工业行业分类在2011年进行了调整，为便于前后对比，本节讨论2011~2017年期间的产业分工格局变化。2017年开始，统计局公布工业企业经济指标不再包含总产值，考虑到目前公布指标中营业收入与总产值最为接近，本节采用营业收入来代替产值用以衡量行业结构。

表3　　2011～2017年长三角地区制造业营收区域结构变化　　单位:%

行　业	2017年各地区行业收入占长三角区域行业收入比重				2017年区域行业收入比重相比2011年变化			
	上海	江苏	浙江	安徽	上海	江苏	浙江	安徽
制造业	13.0	51.3	21.6	14.1	-1.3	0.5	-2.1	3.0
农副食品加工业	4.8	51.5	11.0	32.6	-0.4	3.3	-2.9	0.1
食品制造业	23.3	35.6	16.6	24.5	-7.5	7.4	-5.8	6.0
酒、饮料和精制茶制造业	5.8	51.2	18.2	24.8	-0.3	6.8	-6.4	-0.2
烟草制品业	39.8	25.0	21.3	13.9	-1.6	1.1	2.5	-1.9
纺织业	1.7	52.3	38.3	7.7	-0.4	3.6	-5.0	1.7
纺织服装、服饰业	5.1	49.0	31.2	14.8	-3.3	-2.2	-0.7	6.3
皮革、毛皮、羽毛及其制品和制鞋业	7.2	33.7	40.8	18.2	0.9	5.7	-13.8	7.2
木材加工和木、竹、藤、棕、草制品业	1.8	65.2	13.3	19.7	-1.3	2.8	-3.3	1.8
家具制造业	16.1	18.2	46.4	19.4	-4.6	0.8	-3.1	6.9
造纸和纸制品业	7.9	42.0	39.0	11.0	-2.7	-0.7	1.1	2.3
印刷和记录媒介复制业	10.7	43.8	23.8	21.7	-5.5	2.8	-1.8	4.5
文教、工美、体育和娱乐用品制造业	12.5	48.1	28.1	11.2	-4.7	6.8	-5.9	3.8
石油加工、炼焦和核燃料加工业	21.5	39.0	29.7	9.8	-7.1	3.3	-0.1	3.8
化学原料和化学制品制造业	11.8	57.7	21.9	8.7	-0.1	-1.1	-0.4	1.5
医药制造业	10.8	57.5	18.0	13.7	-1.6	3.1	-4.4	2.8
化学纤维制造业	0.7	54.7	42.7	1.9	0.0	5.8	-6.2	0.5
橡胶和塑料制品业	11.5	40.1	29.4	19.0	-1.8	6.7	-9.3	4.4
非金属矿物制品业	6.2	47.7	19.6	26.5	-1.3	-0.9	-2.9	5.1
黑色金属冶炼和压延加工业	11.9	63.2	11.6	13.2	-0.5	3.9	-3.2	-0.2
有色金属冶炼和压延加工业	4.5	41.1	22.8	31.6	-1.6	-2.1	-3.7	7.5
金属制品业	8.4	54.5	22.8	14.3	-2.9	1.4	-2.4	3.9
通用设备制造业	15.3	48.6	24.3	11.8	-2.6	2.4	-2.1	2.2
专用设备制造业	11.9	61.0	14.6	12.4	-2.3	4.8	-2.7	0.3

续表

行业	2017年各地区行业收入占长三角区域行业收入比重				2017年区域行业收入比重相比2011年变化			
	上海	江苏	浙江	安徽	上海	江苏	浙江	安徽
汽车制造业	35.0	31.8	21.0	12.2	-2.5	0.3	1.1	1.1
铁路、船舶、航空航天和其他运输设备	13.9	66.8	15.3	4.0	0.6	3.0	-3.2	-0.5
电气机械和器材制造业	7.5	54.2	21.3	16.9	-1.9	0.1	-1.4	3.1
计算机、通信和其他电子设备制造业	19.3	60.3	12.0	8.4	-4.1	-4.4	3.3	5.3
仪器仪表制造业	8.5	71.7	15.8	3.9	-0.2	2.0	-2.3	0.6
其他制造业	8.0	34.9	40.4	16.6	0.0	-1.0	-5.6	6.7
废弃资源综合利用业	4.2	25.0	30.1	40.7	0.7	-5.7	-2.7	7.7
金属制品、机械和设备修理业	62.0	5.0	20.7	12.2	19.4	-10.6	-5.3	-3.6

资料来源：根据国家统计局与长三角一市三省统计局网站提供数据计算。

2.2 按行业看，不同行业的区域分工格局变化走向不同，高技术密集度制造业区域集聚程度趋于下降，低技术密集制造业区域集聚程度提升

根据2017年《全国科技经费投入统计公报》公布的制造业各行业研发投入强度，可以判别各行业在当前发展阶段的技术密集度。例如，研发投入强度排在前列的制造业行业主要有铁路船舶航空航天和其他运输设备制造业、仪器仪表制造业、医药制造业、计算机通信和其他电子设备制造业、专用设备制造业、电气机械和器材制造业、通用设备制造业、汽车制造业产业等，正是我国需要大力追赶工业化国家的行业。

采用衡量区域产业集聚程度常用的赫芬达尔指数（HHI），来分行

业、在区域两两之间测算2011～2017年长三角制造业集聚程度的变化情况。通过测算发现，研发投入强度大于1%的13个制造业行业中，长三角区域集聚度出现整体下降的有仪器仪表制造业、计算机通信和其他电子设备制造业、通用设备制造业、汽车制造业、化学原料和化学制品制造业、橡胶和塑料制品业等6个行业，这6个行业收入占区域制造业总收入比重为40.5%。而研发投入强度小于1%的18个制造业行业中，区域集聚度出现整体下降的仅有家具制造业、文教工美体育和娱乐用品制造业、皮革毛皮羽毛及其制品和制鞋业、石油加工炼焦和核燃料加工业等4个行业，4个行业收入占区域制造业总收入比重仅为5.2%。

表4　　2011～2017年长三角制造业分行业区域集中度变化

制造业行业	2017年行业研发投入强度（%）	2011～2017年制造业集中度指数变化（上升表示集聚，下降代表分散，完全集中时指数为100）					
		沪苏	沪浙	苏浙	苏皖	浙皖	沪皖
铁路、船舶、航空航天和其他运输设备	2.53	0.0	-1.2	4.5	1.6	-1.5	2.9
仪器仪表制造业	2.11	0.8	-1.6	3.2	-1.0	-5.4	-3.0
医药制造业	1.97	3.6	-1.0	5.0	-3.2	-5.0	0.5
计算机、通信和其他电子设备制造业	1.88	2.2	-7.7	-6.7	-12.7	-9.7	-21.5
专用设备制造业	1.78	4.9	0.0	4.8	1.0	-1.3	-0.3
电气机械和器材制造业	1.73	3.8	2.8	1.1	-3.8	-2.3	5.5
通用设备制造业	1.53	3.8	0.7	1.8	-2.9	-4.9	-3.8
汽车制造业	1.38	-0.3	-1.6	-0.4	-1.5	-0.5	-3.0
金属制品、机械和设备修理业	1.35	25.3	9.6	15.3	8.7	0.3	12.0
化学纤维制造业	1.34	0.4	-0.3	0.8	-1.0	-2.7	5.3
其他制造业	1.31	-0.5	-2.3	-0.5	-9.9	-12.2	5.5

续表

制造业行业	2017 年行业研发投入强度（%）	2011～2017 年制造业集中度指数变化（上升表示集聚，下降代表分散，完全集中时指数为 100）					
		沪苏	沪浙	苏浙	苏皖	浙皖	沪皖
化学原料和化学制品制造业	1.11	-0.2	-0.2	0.0	-3.4	-3.9	-1.9
橡胶和塑料制品业	1.01	6.1	-2.3	0.9	-1.3	-7.9	2.9
黑色金属冶炼和压延加工业	0.99	2.0	-0.4	5.7	1.5	0.1	0.1
造纸和纸制品业	0.97	5.2	6.2	-0.1	-4.9	-4.0	0.8
金属制品业	0.95	5.8	3.4	2.0	-5.5	-6.0	3.3
有色金属冶炼和压延加工业	0.85	4.0	3.0	1.2	-3.2	1.2	10.5
印刷和记录媒介复制业	0.69	9.1	4.8	1.7	-2.7	-1.8	5.8
食品制造业	0.67	2.1	0.2	6.0	-0.4	1.3	-3.1
纺织业	0.64	1.7	0.5	1.0	-2.8	-6.4	8.4
家具制造业	0.63	-0.2	3.3	-2.0	-1.3	-9.5	-2.6
文教、工美、体育和娱乐用品制造业	0.63	8.8	2.0	3.0	-4.9	-11.4	-7.7
非金属矿物制品业	0.61	2.7	0.9	2.0	-3.5	1.1	7.6
酒、饮料和精制茶制造业	0.58	2.9	-4.9	7.2	2.1	1.2	0.8
纺织服装、服饰业	0.53	7.1	8.9	-0.2	-11.2	-10.4	11.8
木材加工和木、竹、藤、棕、草制品业	0.47	3.8	5.4	5.1	-1.0	1.8	9.8
农副食品加工业	0.46	2.1	-2.6	5.8	0.6	4.3	1.5
皮革、毛皮、羽毛及其制品和制鞋业	0.46	0.9	-7.0	-4.7	-5.1	-14.8	5.6
废弃资源综合利用业	0.42	-6.2	-4.0	0.4	2.8	1.1	0.4
石油加工、炼焦和核燃料加工业	0.36	3.6	1.3	0.5	-7.5	-9.5	-14.4
烟草制品业	0.22	-1.0	-2.4	-0.4	1.9	1.8	1.6

说明：根据国家统计局与长三角一市三省统计局网站提供数据计算，制造业行业按照研发投入强度自高至低排列。

2.3　从经济效益看，2011～2017年区域制造业格局调整后，上海、浙江制造业效益提升，江苏制造业效益没有改观，安徽制造业效益明显恶化；分行业看，医药制造、交通运输装备、电子设备等行业效益下降明显

产业集聚程度降低并不必然意味着低效率，这既可能源于低水平重复建设，也可能是产业内分工深化，关键还是看产业格局变化后区域经济效益能否提升。这里采用“成本费用利润率”（以下简称为利润率）来衡量区域的行业效益，同时，为剔除宏观经济周期影响，用一个区域特定行业的年度利润率减去该行业当年全国平均利润率（也即区域的“超额利润率”）来进行分析。

2017年，上海、江苏、浙江、安徽制造业利润率分别为9.6%、7.2%、7.1%、5.8%，分别高出全国制造业平均利润率2.6、0.1、0.0、-1.2个百分点，制造业超额利润率分别比2011年变化了2.1、0.2、0.9、-1.6个百分点。31个制造业行业中，安徽有25个行业的超额利润率出现了下降。分行业看，医药制造业、铁路船舶航空航天和其他运输设备、计算机通信和其他电子设备制造业、黑色金属冶炼和压延加工业、酒饮料和精制茶制造业、纺织服装服饰业等行业的区域超额利润率出现了相对明显下降。

表5　　2011～2017年长三角制造业分行业区域集中度变化　　单位：百分点

行业	超额利润率变化			
	上海	江苏	浙江	安徽
制造业	2.1	0.2	0.9	-1.6
农副食品加工业	-0.2	-0.3	0.7	-0.6
食品制造业	3.2	3.1	-1.8	-1.9
酒、饮料和精制茶制造业	2.0	-2.7	-2.6	1.9
烟草制品业		-33.7	7.9	1.0

续表

行业	超额利润率变化			
	上海	江苏	浙江	安徽
纺织业	0.7	0.5	1.2	-1.1
纺织服装、服饰业	-5.4	0.2	-0.2	-1.0
皮革、毛皮、羽毛及其制品和制鞋业	2.0	1.1	-0.4	-2.5
木材加工和木、竹、藤、棕、草制品业	-0.2	-0.7	2.4	1.0
家具制造业	0.7	1.9	0.6	-2.5
造纸和纸制品业	-1.8	1.5	1.4	0.1
印刷和记录媒介复制业	-0.7	2.8	1.0	-3.1
文教、工美、体育和娱乐用品制造业	1.8	0.6	-0.4	-2.0
石油加工、炼焦和核燃料加工业	9.4	-1.0	4.0	2.4
化学原料和化学制品制造业	8.4	0.5	1.2	-2.4
医药制造业	2.2	-1.2	1.7	-4.0
化学纤维制造业	0.7	-0.5	0.7	0.0
橡胶和塑料制品业	3.1	1.2	0.3	-0.5
非金属矿物制品业	3.0	1.0	1.3	1.9
黑色金属冶炼和压延加工业	-5.0	-0.3	-0.8	0.4
有色金属冶炼和压延加工业	2.4	0.3	0.7	0.0
金属制品业	-0.3	0.3	0.0	-0.1
通用设备制造业	0.5	1.5	1.0	-2.9
专用设备制造业	3.4	0.4	0.9	-2.0
汽车制造业	-0.9	-0.1	4.8	-0.8
铁路、船舶、航空航天和其他运输设备	-3.4	-0.7	-1.4	-0.2
电气机械和器材制造业	2.6	-0.5	0.8	-2.3
计算机、通信和其他电子设备制造业	0.6	-0.2	-1.3	-4.3
仪器仪表制造业	3.6	1.1	3.1	-5.7
其他制造业	-0.5	-1.1	-0.3	-3.0
废弃资源综合利用业	12.8	3.9	2.3	-0.9
金属制品、机械和设备修理业	0.9	3.5	0.1	-0.3

说明：根据国家统计局与长三角一市三省统计局网站提供数据计算。

3　主要政策启示

3.1　对标全球产业前沿认识长三角产业体系的短板与不足，进一步明确长三角产业发展的主攻方向与重点任务

长三角区域发展的定位是世界级城市群，长三角产业发展的定位就应当是世界级产业基地。2017 年长三角地区生产总值占全球经济总量的 3.6%，长三角如果视为一个经济体，其经济体量可以排在世界第五位，从规模来看长三角的产业已经达到了“世界级”。但是从产业国际竞争力和质量效益来看，长三角产业体系与“世界级”的差距是十分巨大的，突出表现在产业集中度不高、企业实力不强、创新投入不足。例如，在信息技术领域，美国的亚马逊公司 2017 年研发支出达到 226 亿美元，而同年我国互联网前 100 强企业研发投入合计 1060 亿元人民币，按年均汇率折算为 157 亿美元；在生物医药行业，美国的强生公司 2017 年研发投入达到 106 亿美元，同年我国医药制造全行业研发支出仅有 79 亿美元。这种巨大的差距广泛存在于各类产业，但以先进制造业和信息产业最为明显（表 6）。未来长三角产业发展的主攻方向就是先进制造业和信息产业，重点任务就是紧紧围绕制高点行业提升产业集中度、壮大企业主体、增强创新能力。

表 6　　2018 年主要行业中外代表性企业研发投入对比　　亿美元

行　业	全球最大研发投入企业		中国最大研发投入企业		中国全行业研发投入
	企业名称	研发投入	企业名称	研发投入	
信息技术	亚马逊	226	阿里巴巴	36	157
电子通信	三星	153	华为	133	297
生物医药	罗氏制药	108	恒瑞	3	79
汽车	大众	158	上汽	17	172

续表

行　业	全球最大研发投入企业		中国最大研发投入企业		中国全行业研发投入
	企业名称	研发投入	企业名称	研发投入	
电气器材	西门子	61	美的	13	184
机械装备	空中客车	34	中国中车	16	64
化工	巴斯夫	23	万华化学	2	135

资料来源：企业研发数据根据普华永道公司网站（www. pwc. com）提供“2018 年全球创新企业 1000 强”数据整理，中国行业研发投入根据国家统计局公布《2017 年全国科技经费投入统计公报》提供数据按人民币兑美元年均汇率折算。

3.2　从更高层面制定区域产业发展规划，以规划指导长三角区域产业协同，进一步优化产业分工格局

产业规划是产业政策、产业发展的先导，长三角地区产业发展存在的问题很大程度上在于产业规划体系的不足。长三角地区 41 个城市在“十三五”规划的重点产业中，重复最多的前三个产业是物流业（39 个城市列为重点）、金融业（36 个城市列为重点）、高端装备制造业（34 个城市列为重点）。这反映出地方产业规划一是方向不准，对真正的制高点产业重视不够；二是缺乏协调，在真正需要发力的制高点产业分工不够、合力不足。长三角一体化推进过程中，应加强区域产业规划的协调，通过规划协同推动区域产业协同，使区域产业分工格局更加优化。

3.3　破除地区间利益藩篱和政策壁垒，加快制造业特别是技术密集型制造业的整合集中，进一步提升区域产业能级

部分产业特别是部分技术密集型制造业趋向分散、经济效益下降，是长三角地区产业面临的突出问题，也对产业创新投入能力、竞争力提升形成了根本制约。大国产业发展过程中需要一定的地方竞

争，但不能放任地方低效恶性竞争。长三角一体化要实现具有示范意义的新突破，必须坚决破除地区间利益藩篱和政策壁垒，有效提高产业集中度，以此推动区域产业能级进一步提升。

3.4　加大对后发地区产业扶持，更好发挥区域新增长极的产业支撑作用

安徽作为长三角的后发区域，目前增长势头最好、未来增长空间最大。但受制于后发劣势，产业总体质量和效益不高，区域新增长极的作用尚未充分发挥。从各方面基础来看，安徽具备承接和发展现代化产业的有利条件。长三角一体化过程中，在着力发展先发地区的同时要切实加大对后发地区的扶持力度，这对于夯实长三角产业基础、维护区域和国家产业链安全、稳定区域就业都有重要积极作用。

执笔人：贾　珅

参考文献

[1] 侯永志，刘云中，孙志燕，何建武．我国生产力布局存在问题的原因及优化的措施．国务院发展研究中心《调查研究报告》总 4608 号，2014

[2] 侯永志，张永生，刘培林．支撑未来中国经济增长的新战略性区域研究．北京：中国发展出版社，2015

[3] 孙志燕．美国（2050）区域发展新战略及其启示．国务院发展研究中心《调查研究报告》总 4613 号，2014

[4] 孙志燕，侯永志．更有效发挥区域政策在推动经济转型中的作用．国务院发展研究中心《调查研究报告》总 5182 号，2017

专题七

区域人口平衡发展研究

城市的命运并非天注定，而是靠城中之人来创造。公元前600年的阿尔凯奥斯在描写希腊的城市时一语中的："造就一座城市的，不是精良的屋顶或坚固的城墙，也不是运河和船坞，而是善于利用机会的人们。"在技术逐渐消除地理区隔的今天，城市最大的财富是人，城市发展的最佳之匙是降低人口迁徙和日常流动的障碍。

1 "南北均衡"转向"南快北慢"

长期以来，城市人口增长的主要驱动力来源于城乡人口转移，城市制造业和建筑业吸纳了大量农村转移人口。近年来，各类城市产业结构演进趋于多元化，一、二线城市新增劳动力需求以服务业为主，城市间高素质人口的迁徙成为人口流动新特征。为此，我们首先考察286个地级（及以上）城市全域常住人口的变化。

城市人口增长由"南北均衡"转向"南快北慢"。2010～2015年，全国城市的常住人口年均增长839.9万人。其中，南部城市年均新增509.8万人，占全国新增人口的60.7%；北部城市年均新增330.1万人，在全国新增人口中占比39.3%，大致表现为“南北均衡”特征。2015～2017年，我国城市人口年均增长874.8万人，“南快北慢”的趋势更加明显：南部地区城市新增人口688.3万，占全国的比重为78.7%；北部地区城市新增人口186.5万，占全国比重仅为21.3%。

从区域来看，2015～2017年，华南、华东的城市新增人口占比超六成（65%），其中广东、江苏、山东的城市年均新增人口为163.8万、99.8万、76.8万，新增人口占比分别提高8.7、8.8和2.4个百分点。西南和华中的城市人口年均增长122.1万、114.0万，新增人口占比分别提高3.7和3.0个百分点，其中云南、河南的城市新增人口占比分别提高2.8和3.0个百分点。华北和西北的城市新增人口比重分别下降8.1和2.2个百分点，其中北京、天津新增人口比重分别下降5.0、5.5个百分点。东北的城市人口出现绝对规模下降，年均减少36.3万人。

城市群人口增长的“南北均衡”同样被打破。“十三五”规划中的19个城市群承载了全国近八成人口。2010～2015年，城市群人口增长的南北比重大致为4∶3。2015～2017年，南方8个城市群人口增长均有提速，年均新增人口578.5万人，占全国城市新增人口的66.1%。尤其是珠三角城市群，其新增人口比重（15.8%）比2010～2015年提高9.5个百分点。同期，11个北方城市群年均新增人口138.7万人，只占全国比重的15.8%。除中原、山东半岛和兰州－西宁城市群之外，京津冀、关中平原、呼包鄂榆等城市群人口增速放缓，辽中南和哈长城市群人口明显下滑。近两年南北城市群新增人口之比已骤变为4∶1。

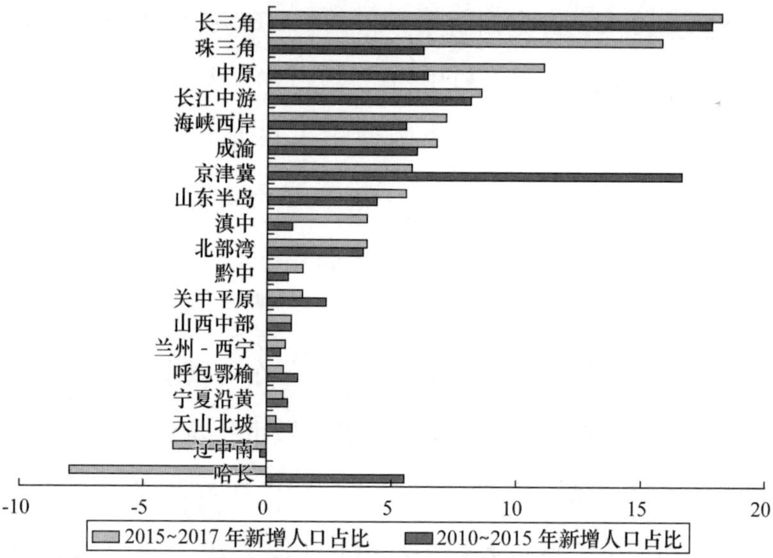

图 1　各城市群新增人口占全国比重

资料来源：各地统计局和笔者计算。

2　中间规模城市人口骤升，规模两端城市放缓

我国城市人口增长格局经历了非线性的空间演化：从 20 世纪 80 年代遍地开花的小城镇，到 20 世纪 90 年代向东南沿海大中小城市集聚，再到 21 世纪往中西部区域性大城市回流，近两年则表现出“中间涨两头落”的特征。

近两年，扩张最迅猛的是人口规模在 700 万～1500 万间的城市。2015～2017 年，人口规模在 1000 万～1500 万间的城市年均新增 217.8 万人，新增人口比重（24.9%）比 2010～2015 年提高 9.8 个百分点，其中成都、深圳、广州新增人口比重分别提高 6.5、4.1 和 3.8 个百分点；人口规模在 700 万～1000 万间的城市年均新增 204.8 万人，新增人口比重（23.4%）比 2010～2015 年提高 5.4 个百分点，其中西安、长沙、杭州新增人口比重分别提高4.2、2.0和1.8个百分点。

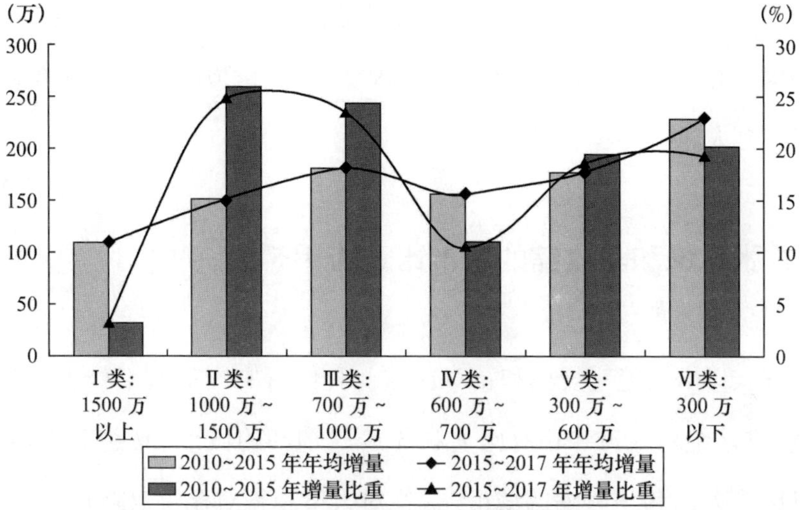

图2　六类规模城市常住人口增量及占比

资料来源：各地统计局和笔者计算。

与此同时，处于人口规模两端的城市放缓了人口扩张的脚步，大都市圈效应初步显现。

中小城市人口增长整体放缓，但出现结构性分化。2015~2017年，人口700万以下城市年均新增人口425.1万，新增人口比重（48.5%）比2010~2015年下降7.5个百分点。其中，华南和华东的中小城市人口增长仍然较快，如珠海、泰州等；华中、西南、西北的中小城市人口增速放缓，如信阳、荆州、资阳等；东北不少中小城市常住人口年均下降10万以上。

超大型城市人口增长放缓，大都市圈效应开始显现。2015~2017年，总人口1500万以上的超大型城市，即北京、上海、天津和重庆（重庆按市辖区人口计算）年均新增人口27.1万人，新增人口比重占全国城市的3.1%，比2010~2015年下降7.8个百分点。2017年，北京、上海和天津首次出现人口绝对规模的减少，分别下降了2.2万、

1.4万和5.3万人。与此同时，超大型城市呈现出人口向周边中小城市疏解的都市圈效应。以北京为例，虽然近两年人口增长趋缓，但周边的廊坊和保定市年均合计增长14.9万人，比2010～2015年年均多增4.5万人。

3 扩张、饱和与收缩的城市比重为4:5:1

按人口增长绝对规模和相对比重，我们将中国的城市分为“扩张的城市”（绝对人口和相对比重双升）、“饱和的城市”（绝对人口升、相对比重降）和“收缩的城市”（绝对人口和相对比重双降）。

随着城市承载力提高，我国处于扩张状态城市的比重提高。2015～2017年，处于扩张、饱和与收缩的城市比重分别为37.4%、53.1%、9.4%。与2010～2015年相比，扩张的城市（107个）增加16个，饱和的城市（152个）减少9个，收缩的城市（27个）减少7个。

一线城市出现分化，北京和上海从扩张区间进入饱和状态，而广州和深圳仍在扩张通道。超六成的二线城市在扩张，近四成的二线城市居于饱和，二线城市未现收缩现象。三线城市也以扩张居多（47%），饱和者占44%，有8.3%的三线城市处于收缩状态。24个四线城市在收缩，但仍有34.3%的四线城市处于扩张状态。

从区域来看，2015～2017年，华南城市约六成（59.5%）处于扩张，且无一城市在收缩，即使如茂名和玉林等三、四线城市也在快速扩张。华东处于扩张与饱和的城市各占近五成，扩张的城市比重提高16.7个百分点，一些临近核心城市的三、四线城市（如马鞍山、嘉兴

表 1　我国四类城市的扩张、饱和及收缩比重　单位:%

城市类别	时　间	扩张的城市	饱和的城市	收缩的城市
一线城市	2010～2015 年	100.0	0.0	0.0
	2015～2017 年	50.0	50.0	0.0
二线城市	2010～2015 年	53.8	46.2	0.0
	2015～2017 年	61.5	38.5	0.0
三线城市	2010～2015 年	47.2	50.0	2.8
	2015～2017 年	47.2	44.4	8.3
四线城市	2010～2015 年	27.0	58.8	14.2
	2015～2017 年	34.3	55.4	10.3
所有城市	2010～2015 年	32.9	54.9	12.2
	2015～2017 年	37.4	53.1	9.4

资料来源：各地统计局和笔者计算。

和漳州等）增长较快。华北超过 3/4（75.8%）的城市呈饱和状态，虽然收缩城市比重降到 3%，但扩张城市比重也降为 21%。华中、西南、西北的核心城市（如郑州、武汉、成都、重庆、西安）扩张趋势明显，但收缩城市比重也达 9.5%、15.6 和 10%。东北城市出现极端分化，53% 的城市扩张，41% 的城市收缩，东北地区的三、四线城市人口向核心城市转移的趋势明显。

人口离去并未给收缩城市带来繁荣。有一种观点认为，落后地区的人口奔赴他乡之后，由于人均资源增加，会使得按人均收入计算的发展水平提高。我们考察了 2010～2015 期间出现人口收缩的城市，发现其中 31 个城市的人均 GDP 增速在 2010～2017 年间下滑；如果考虑宏观经济的周期性因素，仍有 26 个城市的人均 GDP 增速下滑幅度超过同期全国的下降幅度。由此可见，人口收缩和城市衰退形成了正反馈效应，收缩和衰退相互强化。

表2　我国各区域扩张、饱和与收缩的占比　单位：%

地区	时间	扩张的城市	饱和的城市	收缩的城市
东北	2010～2015年	41.2	17.6	41.2
	2015～2017年	52.9	5.9	41.2
华北	2010～2015年	27.3	60.6	12.1
	2015～2017年	21.2	75.8	3.0
华东	2010～2015年	26.9	66.7	6.4
	2015～2017年	43.6	56.4	0.0
华中	2010～2015年	14.3	69.0	16.7
	2015～2017年	19.0	71.4	9.5
华南	2010～2015年	70.3	27.0	2.7
	2015～2017年	59.5	40.5	0.0
西南	2010～2015年	21.9	71.9	6.3
	2015～2017年	31.3	53.1	15.6
西北	2010～2015年	26.7	70.0	3.3
	2015～2017年	26.7	63.3	10.0

资料来源：各地统计局和笔者计算。

4 工业化不同阶段的城市群人口集聚特征截然不同

长三角和京津冀城市群的核心城市人口集聚速度放缓，其核心城市[①]新增人口比重（核心城市新增人口/城市群新增人口），从2010～2015年的53.3%和73.9%，快速下降到2015～2017年的29.3%和27.4%。人口集聚放缓背后，是处于后工业化的主要核心城市服务业比重已达峰值，如2017年北京三产比重只比上年提高0.4个百分点，上海则下降0.8个百分点。同期，长三角和京津冀城市群的

① 本报告定义的核心城市为“城市群中的省会城市或计划单列市”。

非核心城市新增人口比重，提高了24.0和46.5个百分点。人口由单核集聚转向更加平衡的增长，表明两个城市群核心城市的功能得以疏解，城市群内部分工进一步深化。

表3　　全国19个城市群核心城市新增人口比重变化　　单位:%

	城市群	2010～2015年核心城市新增人口比重	2015～2017年核心城市新增人口比重	核心城市新增人口比重升降
1	长三角	53.3	29.3	↓
2	珠三角	69.4	77.7	↑
3	京津冀	73.9	27.4	↓
4	成渝	78.1	152.1	↑
5	长江中游	42.4	63.1	↑
6	哈长	49.1	—	—
7	辽中南	—	—	—
8	海峡西岸	30.2	24.7	↓
9	关中平原	23.3	319.0	↑
10	山东半岛	38.3	38.7	↑
11	中原	34.8	16.1	↓
12	北部湾	30.4	30.9	↑
13	天山北坡	97.7	60.9	↓
14	滇中	49.5	16.1	↓
15	黔中	78.5	67.4	↓
16	宁夏沿黄	39.6	39.8	↑
17	山西中部	28.4	35.0	↑
18	呼包鄂榆	36.7	42.5	↑
19	兰州－西宁	68.7	62.7	↓

注：2010～2015年，辽中南城市群人口下降13.2万，其核心城市新增人口48.1万；2015～2017年，辽中南城市群人口下降67万，其核心城市人口下降81.9万；2015～2017年，哈长城市群人口下降139万，其核心城市人口下降84.3万。

资料来源：各地统计局和笔者计算。

珠三角和长江中游城市群核心城市集聚程度继续提高，其核心城市新增人口比重从2010~2015年的69.4%和42.4%，提升到2015~2017年的77.7%和63.1%。由于服务业对人口集聚的要求高于二产，两个城市群人口加速向核心城市集聚，一定程度归因于工业化中后期核心城市服务业比重较快提高。如2017年，广州、深圳、武汉服务业比重比上年提高1.5、1.4和1.6个百分点，高于全国平均水平。同期，珠三角和长江中游城市群的非核心城市人口增长仍在加速，年均增速分别比2010~2015年提高0.4、0.1个百分点，核心城市的服务业发展对非核心城市的辐射效应在加强。

成渝和关中平原城市群核心城市人口集聚加速。2015~2017年，成渝和关中平原城市群的核心城市新增人口，分别比两个城市群整体新增人口还多61.5万、56.9万。处于工业化加速期的成都、重庆、西安等核心城市不仅继续集聚城市群内部人口，还在吸引城市群外部人口。

东北两个城市群出现核心城市人口收缩。2015~2017年，辽中南和哈长城市群的核心城市人口分别下降81.9万和84.3万，辽中南城市群的核心城市人口收缩规模甚至高于整个城市群下降规模（-67万），哈长城市群的核心城市也比非核心城市多流失29.6万人。作为老工业城市，沈阳、长春、哈尔滨非但没有持续2010~2015年人口集聚的势头，还因为拥有更多具备流动能力的高素质人群，人口流失速度比非核心城市还要快。

5 大数据视角下的城市日间人口流动

过去20年间，交通基础设施将全国大小城市联接成网，人们对海角天涯的感知从空间距离转为时间距离。从1998~2017年，我国每百平方公里的公路里程从 13.3 公里增加到 49.7 公里，铁路密度则从 0.69 公里/百平方公里提高到 1.32 公里/百平方公里。在这样一张城市网络中，你可以在北京朝饮豆汁儿，在上海午食汤包，在广州暮啖肠粉，知己在比邻。

相比美食地图，我们用日间人口流动大数据绘制了更为精密的经济地图。不同于常住人口流动所反映的长期迁徙，“日间流动人口”是某日由一个城市前往另一个城市的人口，其行为背后蕴含着贸易往来、资金转移、技术溢出和思想交流，反映了各城市间的经济社会联系，是观察城市活力、区域分工和商贸兴衰的重要指标。借助于手机大数据，我们可以从分析常住人口的年度迁徙规律，进一步推进到辨识人口日间流动的行为特征。基于对逾 10 亿百度手机用户的分析，我们构建了全国日间人口流动的图景。

华东华南日间人口流动规模高。2017 年，华东和华南地区各城市的日均流动人口规模占全国近五成，比 2016 年分别增长 91.9 万和 25.5 万，但占全国比重却分别下降 0.06 和 1.4 个百分点，反映出其他地区人员流动性的提高。

其他地区流动性有所增加。2017 年，华中和华北地区的日均流动人口数比 2016 年增长 57.2 万和 51.3 万，比重上升 0.6 和 0.4 个百分点。东北和西南地区的人口流动性也有所提高，占全国比重比 2016 年提高 0.3 和 0.2 个百分点。西北地区的日均流动人口数占比全国比重保持在 6.2%。

一线和二线城市是日间人口流动的主要节点。流动性最高的 20 大城市日间人口流动占全国的比重为 32.1%，前 50 大城市达 50.7%。日间人口流动集中发生在北上广深等一线城市以及成都、郑州、西安、重庆等中西部二线城市。北京和上海常住人口增长虽趋缓，但 2017 年

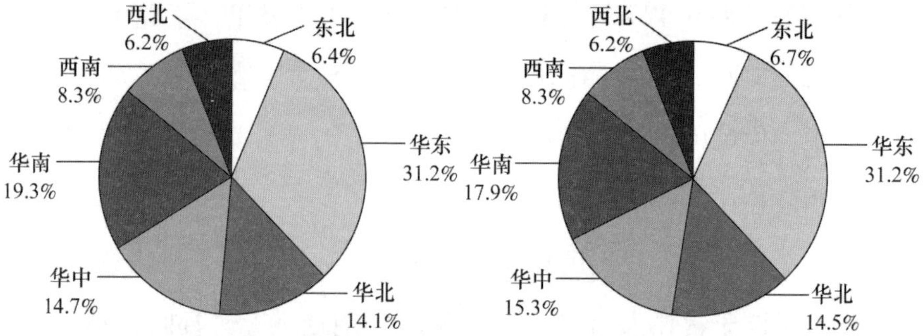

图3 2016年（左）和2017年（右）各区域日间流动人口比重

资料来源：百度大数据和笔者计算。

日均人口流动数为71.0万和53.5万人，仍比2016年增加8.2万人和7.5万人。东北三省常住人口虽下降，但2017年日均人口流动数也比2016年增加26.9万人，占全国比重由6.4%上升到6.7%，显示出经济活力复苏的迹象。

城市群日间流动人口的头部效应明显。2017年，前七大城市群日均人口流动规模超过全国总量的2/3（67.3%）。长三角和珠三角城市群的流动性最高，日间人口流动规模分别占全国的15.2%和11.4%。中原和京津冀城市群日间人口流动比重分别为11.4%和9.9%，在常住人口增速放缓背景下，其人员互动规模反而提高。在相关区域发展战略推动下，长江中游、成渝以及海峡西岸城市群的日间人口流动比重也达到8.5%、5.8%和5.2%。其余城市群中，除山东半岛和关中平原城市群日间流动规模在百万量级上下，其余城市群的流动规模相对较小。

6 发达城市群内部流动性高，后发城市群外部流动性高

我们将城市群的日间流动人口（A）分为两部分，一部分是城市群内部的人口往来（B），另一部分是城市群与外部城市间的人员交流（C）。我们以“B/A”衡量城市群的“内部流动性”，以“C/A”测度

城市群的“外部流动性”。我们通常会认为，发达地区的城市群开放性更高，其日间人口流动中来自城市群外部人员的比重，会比后发地区的城市群更高。

令人意外的是，外部流动性高的城市群均位于后发地区。2016～2017年，中原城市群是外部日间流动人口规模最高者，每天约有129.5万人进出其间。外部流动性指标超过50%的城市群，包括了天山北坡（77.4%）、呼包鄂榆（61.4%）、北部湾（58.2%）、中原（57.5%）、兰州－西宁（56.6%）、山西中部（54.3%）等城市群，均位于后发地区。

高外部流动性意味着这些后发城市群的工业体系尚未自成一体，主导产业以资源型产业或劳动力密集型产业为主，需要通过与城市群外部形成频繁的人员流动，来带动资金、技术、产品等充分交换。另外，后发城市群核心城市与城市群外部的交通商贸资金网络联通性，要高于其城市群内部各城市之间的联通性。

发达城市群内部流动性高。虽然长三角、珠三角和京津冀三大城市群的日均外部流动人口规模分别达到121万人、84万人和70万人，合计占所有城市群外部流动人口的36.9%，但三者的内部日间流动人口数几乎是其外部日间流动人口的2倍，内部流动性指标分别高达63.7%、65.4%和66.3%。山东半岛、海峡西岸和长江中游等所有较发达地区的城市群内部流动性也都超过50%。

发达城市群能够形成较为完整的产业链，内部的交通、物流和商贸网络发达，城市群内部的核心城市和非核心城市形成互补的分工，因此内部人员往来相对更频繁。由于历史原因，成渝、关中平原、哈长以及辽中南城市群的产业体系也较为完整，因此其内部流动性也保持在63%～73%的高位。

表4　我国各城市群内外部流动性情况

城市群	城市群日均人口流动（万人）	外部日均人口流动（万人）	外部流动性（%）	内部日均人口流动（万人）	内部流动性（%）
长三角	334.2	121.3	36.3	213.0	63.7
珠三角	244.0	84.4	34.6	159.6	65.4
京津冀	206.5	69.6	33.7	136.9	66.3
成渝	118.1	27.3	23.1	90.9	76.9
长江中游	181.1	60.2	33.3	120.9	66.7
哈长	57.0	21.1	37.1	35.9	62.9
辽中南	54.2	20.2	37.3	34.0	62.7
海峡西岸	108.9	47.3	43.4	61.6	56.6
关中平原	81.3	26.8	33.0	54.4	67.0
山东半岛	101.1	41.9	41.4	59.2	58.6
中原	225.1	129.5	57.5	95.6	42.5
北部湾	50.9	29.6	58.2	21.3	41.8
天山北坡	2.3	1.8	77.4	0.5	22.6
滇中	19.3	7.9	41.0	11.4	59.0
黔中	16.6	8.5	51.3	8.1	48.7
宁夏沿黄	16.6	5.6	33.6	11.0	66.4
山西中部	36.6	19.9	54.3	16.7	45.7
呼包鄂榆	24.2	14.8	61.4	9.3	38.6
兰州－西宁	14.2	8.1	56.6	6.2	43.4

资料来源：百度大数据和笔者计算。

7　华南和一、二线城市活跃度高，西南和四线城市活跃度低

前文分析了日间流动人口的绝对规模，下文以“日间流动人口占全国比重/常住人口占全国比重”衡量各城市的相对活跃度。如果这一指标大于1，则表明该城市人员流动的活跃度超过全国平均水平，

反之则活跃度较低。

按该活跃度指标，2017 年全国有 32 个“极活跃城市”（活跃度 > 1.5）、50 个“高活跃城市”（1 < 活跃度 < 1.5）、143 个“中活跃城市”（0.6 < 活跃度 < 1）和 61 个“低活跃城市”（活跃度 < 0.6）。

华南城市活跃度一枝独秀，西南城市活跃度较低。华南地区是我国日间人口活跃度最高的地区，整体活跃度高达 1.4，其中 37.8% 为极活跃或高活跃城市。华北地区的整体活跃度为 1.1，有 39.4% 的城市处于极活跃或高活跃状态。华东地区活跃度为 1.0，整体也处于高活跃状态，28.2% 的城市为极活跃或高活跃城市。西南地区活跃度最低，虽然成都（1.5）、昆明（1.1）和贵阳（1.1）等核心城市的活跃度较高，但其整体活跃度仅有 0.8，超过 3/4（78.1%）的城市处于中低活跃度。

一线和二线城市活跃度优势明显，交通和经贸网络不畅的四线城市极不活跃。一线城市中，广州、深圳和北京属于极活跃城市，活跃度分别为 2.6、2.3 和 1.9；上海属于高活跃城市，活跃度为 1.3。二线城市逾五成（53.8%）为极活跃城市，30.8% 为高活跃城市，没有低活跃城市。三线城市有五成为极活跃或高活跃城市，且多位于一、二线城市周边，中活跃城市比重为 41.7%，低活跃城市只有 8.3%。四线城市则有近八成（79.0%）的城市处于中低活跃状态。

表 5　　各类城市活跃度占比　　单位:%

活跃度分类	一线城市	二线城市	三线城市	四线城市
极活跃	75.0	53.8	19.4	6.4
高活跃	25.0	30.8	30.6	14.6
中活跃	0.0	15.4	41.7	54.1
低活跃	0.0	0.0	8.3	24.9

资料来源：百度大数据和笔者计算。

各城市群活跃度分化明显。2017 年，珠三角城市群的活跃度（2.4）最高，达到全国平均水平的 2.4 倍。珠三角城市群的高活跃度，不仅缘于广州（2.6）和深圳（2.3），其非核心城市的活跃度也达到2.3。长三角和京津冀城市群的活跃度分别为 1.3 和 1.1，虽也处于较活跃状态，但明显低于珠三角，其原因在于两者非核心城市的活跃度只有 1.2 和 1.0。宁夏沿黄城市群（1.8）、山西中部城市群（1.4）、呼包鄂榆城市群（1.3）活跃度较高：前者为内部流动性高的城市群，核心城市（银川）表现出较强的资源配置枢纽作用；后两者为外部流动性高的资源型城市群，高活跃度反映了 2017 年资源贸易的高强度。此外，辽中南、山东半岛、长江中游、中原和成渝城市群的活跃度在 1 上下，其余城市群活跃度较低。

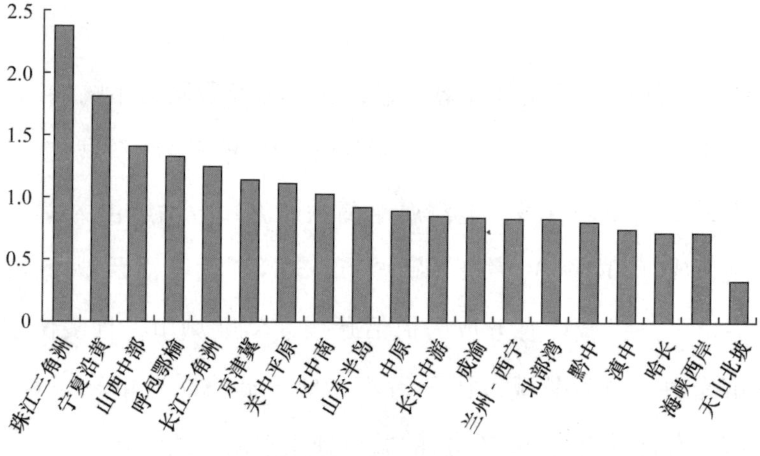

图 4　2017 年我国城市群日间人口流动的活跃度

资料来源：百度大数据和笔者计算。

八、几点延伸思考

城市规模之辨。在现代科技诞生前，从罗马到长安，大型城市多为帝国首都。虽然罗马庞贝古城的一些房屋与下水道系统相连，但运走污水的不是下水道系统而是奴隶。彼时的大城市依靠强权集聚税收和人力。从运河到公路，从电力到无线电，从高铁到互联网……技术进步不断优化交通网络、通信网络和分工网络，城市的定义在改变，城市的数目在增多，城市地理边界在扩大。

如今，智能技术进一步促进了城市网络效应，城市规模扩张已不以单一行政单元空间的人口增加为唯一标志，还表现为相邻城市间一体化程度的提高。也许，我们不必过多执着于单一城市的人口增减，而应更关注大都市圈或城市群的连接性和活跃度。

城市密度之辨。有人以东京再中心化为据，强调提高我国超大城市人口密度的必要性。但笔者此前基于街道人口数据的一项研究表明，虽然整体人口密度远低于东京，但北京和上海市中心（0～10 公里范围）人口密度为 2.1 万人/平方公里和 2.6 万人/平方公里，远高于东京（1.3 万人/平方公里）。而东京中心城区人口回流，也非创新引导集聚的结果，而有着深远的经济社会背景。

在需求端，日本女性劳动参与率上升，以往在卫星城相夫教子的模式被打破，需要在靠近工作地的区域居住；在供给端，20 世纪 90 年代初的泡沫破灭推动市中心房价下跌，近年政府也放宽高层公寓建设的限制。在北京和上海中心城区人口密度已达峰值时，不宜再强调增加中心城区的公共资源以进一步集聚人口，而应以公共资源在都市圈范围疏解来改变其人口“内极密外极疏”的分布。

抢人借人之辨。近期，不少城市出台吸引人才的优惠政策，体现了其扩大常住人口的努力。事实上，日间流动人口更能反映城市的经济活跃度。在城市网络理论中，不仅资金要素可在流动中实现跨区配置，人力资本也可在日常流动中实现跨区“借贷”。我们不仅要继续减少束缚常住人口迁徙的体制障碍，还应降低人口日常流动的阻力。

在各地“抢人”方兴未艾之际，嘉兴“双休人才”政策颇有意味：对其认定的高端人才，只要在周末期间前往嘉兴工作，交通、食宿等费用由政府补贴。为提高人力资本日常流动性，还可着力推进城际交通的无缝衔接，完善短租住房制度，试行高铁年票制，发展共享办公服务，并为商旅人士子女提供短期入学便利等。

比较优势之辨。为何城市发展有云泥之别？地理决定论似乎是最轻松也最不容置疑的回答，与海港的距离、距省会城市的远近在实证研究中表现出或高或低的显著性。然而，写出《美国大城市的死与生》的简·雅各布斯，在其另一本著作《城市经济》中反驳：“许多从事大规模贸易的城市都处在非常不利于贸易的位置上，比如洛杉矶；相反，缅因州拥有许多优良的港口，却没有因此发展出太多城市。”

城市的命运并非天注定，而是靠城中之人来创造。公元前600年的阿尔凯奥斯在描写希腊的城市时一语中的：“造就一座城市的，不是精良的屋顶或坚固的城墙，也不是运河和船坞，而是善于利用机会的人们。”在技术逐渐消除地理区隔的今天，城市最大的财富是人，城市发展的最佳之匙是降低人口迁徙和日常流动的障碍。

执笔人：卓　贤　张　颖

专题八

1978 年以来的中国区域发展战略

本文以 1978 年以来的中国区域发展战略为题，首先指出经过近 40 年的发展，中国的各个省（市、自治区）的发展水平均已进入或越过中等收入水平、中国的区域发展差距趋于缩小、经济活动的空间集聚促进了中国经济的发展 3 个基本特征；继而将区域发展战略目标格局划分为东部沿海地区优先发展、倡导区域协调发展时期、区域发展总体战略和主体功能区战略并行 3 个发展阶段；进而讨论了促进区域发展战略实施的区域类型划分、配套要素政策、空间规划体系、中央地方经济社会事务管理权限、区域协作等机制的变化；最后从市场化变革、国际化探索和自主性构建 3 个角度探讨了区域发展战略的演进逻辑。

区域发展战略包括区域发展总体格局的构想以及实现总体格局的政策机制安排。十一届三中全会至今已过去 40 年，中国的经济社会发生了巨大的变化，中国区域发展战略的认识和实施也经历了市场化变革、国际化探索和自主性构建的过程，即由计划经济向市场经济的市

① 本文得到国家自然科学基金项目——经济转型时期中国的区域间产业转移（71473054）的支持；本文作者感谢国务院发展研究中心何建武研究员的帮助。

场化变革、由相对封闭向对外开放的国际化探索、由学习模仿向中国特色的自主性构建的过程。本文首先简要描述这40年来中国区域经济发展的基本特征，然后分别回顾区域发展总体格局认识的演进和区域政策的推进，并进而在上述3个角度下讨论区域发展战略的变化，最后提出对未来的展望，以期有助于简明地理解这40年来中国区域经济社会的发展。

1 中国区域经济发展的基本特征

伴随国民经济发展水平的上升，各地区的经济发展水平快速提高，达到或超过中等收入水平。中国的国内生产总值由1978年的3679亿元增长到2017年的827122亿元，名义增长了223.8倍，实际增长了33.5倍；人均国内生产总值由1978年的385元增长到2017年的59660元，名义增长了153.9倍，实际增长了22.8倍。与此同时，各省（直辖市、自治区）的发展水平都有很大提高，1978年人均GDP最高的上海由2485元增长到2016年的113600元，名义增长了44.7倍，而人均GDP最低的贵州则由175元增长到2016年的33242元，名义增长了188.9倍，如果按照居民消费价格指数进行调整，则分别实际增长6.3和29.3倍，且均已超过2016年中等收入国家人均GDP 4800美元的平均水平。即使以2016年人均GDP最低的甘肃而论，其人均GDP 27500元的水平也已远超下中等收入国家GDP 2078美元的平均水平，接近中等收入国家的平均水平。

区域差距得到有效控制，趋于缩小。缩小地区间的发展差距，提供均衡的基本公共服务是区域发展的重要目标，虽然衡量地区差距的指标很多，不同指标计算的结果会有差异，但总体来讲，1978年以来，中国的地区差距是趋于缩小的。图 1 显示了按人口加权的人均 GDP 变异系数以及人均 GDP 最高与最低的比值，人均 GDP 变异系数由 1978 年时的 0.755 下降为 2016 年的 0.387，人均 GDP 最高与最低的比值则由 14.2 倍下降为 4.2 倍。当然，区域差距的缩小并不是一蹴而就，而是经历了“缩小 - 扩大 - 缩小”反复波动的过程。

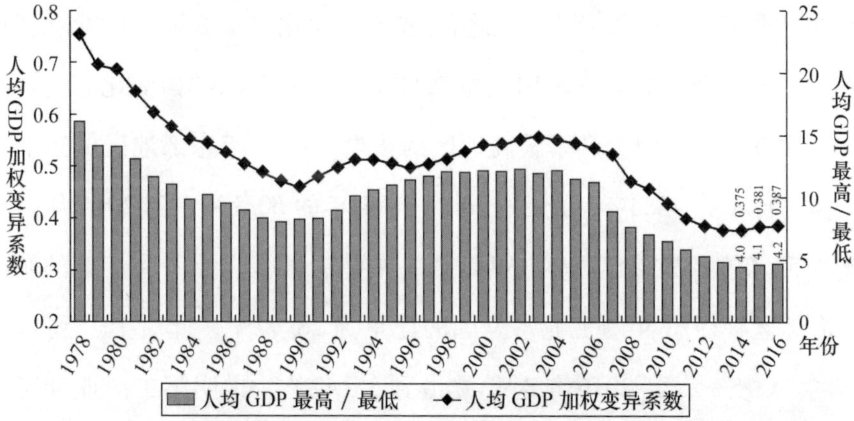

图 1 中国的区域经济发展差距（1978～2016 年）

经济活动的空间集聚促进了中国经济的发展。1978 年以来的改革开放促进了区域发展的市场化和国际化进程，各种经济要素的自由流动加强，大量的经济活动向沿海尤其是东南沿海地区流动，形成了中国区域经济的空间相对集聚。1978 年，东部地区[①] GDP 占全国的比重为 40.1%，此后一直上升至 2006 年的 55%，到 2017 年仍然占到 52%。大量研究表明东部地区的全要素生产率是要高于全国其他地区的，即使各地区生产效率的增长有波动，但生产效率的地区间差异基

① 王志刚等：《地区间生产效率与全要素生产率增长率分解（1978 - 2003）》，《中国社会科学》2006 年第 2 期；周晓艳等：《中国地区间生产效率与全要素生产率增长率分解（1990 - 2006）》，《南开经济研究》2009 年第 5 期。

本保持不变[①]，这些研究为经济活动在东部地区尤其东南沿海地区的空间集聚促进了中国的经济发展提供了较为直接的证据。这里再提供另外一个视角的佐证，1978 年时，中国的三次产业结构为 27. 7∶47. 7∶24. 6，第二产业的占比仅仅低于 1980 年的 48. 1%，而 1978 年工业占 GDP 的比重为 44. 1%，为这 40 年来最高的比重，如果只是从第二产业和工业的比重来讲，1978 年时就已经完成了工业化，那么第二产业和工业发展对国民经济的促进作用大量来自于部门内部的结构变化，空间结构方面就是工业向生产率较高地区的集聚。1978 年东部地区的工业占全国的比重为 48. 4%，此后上升到 2004 年的 60. 1%，到 2016 年时仍然有 53. 6%；如果仅观察包括广东、福建、浙江、上海和江苏的东南沿海地区，1978 年的工业占全国的比重为 28. 97%，此后上升到 2003 年的 39. 75%，到 2016 年时仍然占到 35. 42%，说明第二产业和工业向东部地区集聚的空间结构变化促进了国民经济的发展。

2　中国区域发展战略目标格局的演进

学者和研究机构在不同时期提出了多种区域发展战略，本文主要根据国家正式文件所提到的区域发展内容进行总结归纳，而对于学者和研究机构的成果则在分析区域发展战略形成原因时作为重要影响因素给予讨论[②]。区域发展战略会根据世情国情进行调整，其所确定的目标格局是对国家经济社会活动以及资源环境在国土范围内布局的基

---

① 对于中国区域发展战略的表述体现在党和政府的多种文件中，这里主要根据党的历次代表大会以及全会的文件、历次国民经济和社会发展五年规划（计划）、有关主体功能区和国土空间规划等。从讨论、制定区域发展战略的角度讲，通常是五年规划（计划）的表述最为全面和集中。

② 陆大道、薛凤旋：《1997 年中国区域发展报告》，商务印书馆 1997 年版。

本构想，涉及的要素多、空间范围较大，但在发展的方向、规模、时序上会有所侧重。根据区域发展战略目标格局所确定的主要特点，可以将 1978 年以来对区域发展发展战略的认识划分为 3 个阶段。

2.1　1978 年到“八五”计划期间的东部沿海地区优先发展

这一时期区域发展战略目标格局的最主要特点是促进东部沿海地区的优先发展和快速发展。事实上，在 1978 年之前，中国的区域发展方向已经发生了微调，由从属于国防安全目标以内地和“三线”建设为主导向推进东部沿海地区建设过渡[①]。但是，1978 年三中全会所实施的改革开放从根本上改变了中国区域发展战略的逻辑，区域发展战略应以经济建设为中心，而区域发展的空间导向以促进对外开放为入手，1979 年中央确定在广东、福建两省实行“特殊政策、灵活措施”，1980 年深圳、珠海、厦门、汕头 4 个经济特区的建设全面展开，促进东部沿海地区优先发展的区域发展战略拉开序幕。

“六五”（1981～1985 年）计划沿用了“沿海－内地”的区域划分，明确了向沿海地区倾斜的区域发展思路。提出要积极利用沿海地区的现有基础，“充分发挥它们的特长，带动内地经济的进一步发展”；内陆地区要“加快能源、交通和原材料工业建设，支援沿海地区经济的发展”。“六五”计划还很重视中心城市的作用，提出编制以大中城市为中心的区域发展规划，要注意发挥城市的作用，特别要着重发挥大中城市在组织经济方面的作用，以经济比较发达的城市为中心，逐步形成以城市为依托的各种规模和各种类型的经济区，并将其确定为改革的方向。“六五”计划还单列“地区协作”一章，在坚持

① 见国务院《关于实施西部大开发若干政策措施的通知》（国发〔2000〕33 号）和国务院《关于进一步推进西部大开发的若干意见》（国发〔2004〕6 号）。

“全国一盘棋”的前提下，有计划有步骤地开展地区经济技术协作。同时开展以国土开发和整治为导向的区域规划（国土开发整治规划）。

“七五”（1986～1990 年）计划是区域发展战略系统化的一次重要尝试。第一，根据经济发展的地带性特征，正式提出了东中西三大地带的划分，提出我国地区经济的发展，要正确处理东部沿海、中部、西部三个经济地带的关系。第二，在三大地区中，要“继续鼓励一部分地区、一部分企业和一部分人先富起来”，“七五”期间以至 20 世纪 90 年代，要加速东部沿海地带的发展，把东部沿海的发展同中、西部的开发很好地结合起来，做到互相支持，互相促进。1988 年 3 月国务院召开的沿海地区对外开放工作会议，正式提出将“沿海地区经济发展战略”作为国家的方针，可以说“沿海地区经济发展战略”的正式提出是“七五”期间的区域经济发展战略的主要特征。第三，提出了 3 级的经济区网络，突破行政区划的限制，加强地区协作和经济区网络的发展。第四，开始对长期实行的“三线”建设进行分类调整，对于少数厂址存在问题，产品没有明确方向，无法维持下去的企业，实施关、停、并、转、迁，正式扭转原来战备背景下的区域布局导向。“七五”计划提出的三大经济地带以及经济区网络的理念对中国区域经济的发展产生了长期的影响。

“八五”（1991～1995 年）计划在延续“七五”计划提出的区域发展战略方向的同时，开始酝酿调整。到 20 世纪 90 年代初，中国地区间经济增长的差距迅速扩大，地区之间的矛盾和冲突显现，出现了地方保护。在当时的情形下，首先需要确定处理地区间关系的重大原则，因此“八五”计划以及到 2000 年的十年远景规划并没有提出新的重点发展区域方向，而是着重形成处理地区关系的原则。“八五”计划在十年远景规划的框架下提出，要根据统筹规划、合理分工、优势互补、协调发展、利益兼顾、共同富裕的原则，努力改善地区经济结构和生产力布局。以此正确处理发挥地区优势与全国统筹规划、沿海与内地、经济发达地区与较不发达地区之间的关系，促进地区经济朝着合理分工、各展其长、优势互补、协调发展的方向前进。同时要求采取有力措施，逐步改变目前地区分割、市场封锁，追求自成体系的不合理现象。值得指出的是“八五”计划提出了有计划、有步骤地重点搞好上海浦东新区的开发和开放。

2.2　“九五”和“十五”计划倡导区域协调发展时期

“九五”计划是中国区域发展战略的又一次重大转型，其倡导的“区域协同发展”战略确定了中国区域经济长期发展的目标模式，把“坚持区域经济协调发展，逐步缩小地区发展差距”作为指导经济发展的一条重要方针，促进地区经济沿着合理分工、优势互补、协调发展的方向前进。

“九五”计划和到 2010 年的远景规划将地区差距扩大明确为影响全局的重大问题，指出在全国经济发展和人民生活普遍提高的同时，地区发展差距扩大，部分社会成员之间收入差别悬殊；进而明确提出，沿海地区先发展起来并继续发挥优势，这是一个大局，内地要顾全这个大局，发展到一定时候沿海多做一些贡献支持内地发展，这也是大局，沿海也要服从这个大局。从“九五”开始，要更加重视支持内地的发展，实施有利于缓解差距扩大趋势的政策，并逐步加大工作力度，积极朝着缩小差距的方向努力。

“九五”计划延续了东中西三大经济地带的划分，要求按照统筹规划、因地制宜、发挥优势、分工合作、协调发展的原则，正确处理全国经济总体发展与地区经济发展的关系，正确处理建立跨省（区、市）的具有特色的区域经济与发挥各省（区、市）积极性的关系，正确处理地区与地区之间的关系。“九五”计划再次强调了跨省级行政区的经济区，要按照市场经济规律和经济内在联系以及地理自然特点，突破行政区划界限，在已有经济布局的基础上，以中心城市和交通要道为依托，进一步形成若干个跨省（区、市）的经济区域。

“十五”计划的最大特点是在地区协调发展框架下提出了实施西部大开发战略。通过实施西部大开发战略，加快中西部地区发展，合理调整地区经济布局，促进地区经济协调发展。力争用五到十年时间，使西部地区基础设施和生态环境建设有突破性进展，科技、教育有较大发展。

2.3 “十一五”规划以来的区域发展总体战略和主体功能区战略并行

“十一五”（2005～2010 年）规划是中国区域发展战略的重要节点，确立了长期影响中国国土空间格局的两大战略——区域发展总体战略和主体功能区战略。如果仅从区域发展战略的系统化探索来看，“十一五”规划可以说已趋于完成。“十一五”规划在促进区域协调发展的目标下，首先提出了区域发展总体战略：即坚持实施推进西部大开发，振兴东北地区等老工业基地，促进中部地区崛起，鼓励东部地区率先发展的区域发展总体战略，健全区域协调互动机制，形成合理的区域发展格局。然后提出了推进形成主体功能区，要根据资源环境承载能力、现有开发密度和发展潜力，统筹考虑未来我国人口分布、经济布局、国土利用和城镇化格局，将国土空间划分为优化开发、重点开发、限制开发和禁止开发四类主体功能区，按照主体功能定位调整完善区域政策和绩效评价，规范空间开发秩序，形成合理的空间开发结构。

“十一五”规划对城镇化给予了高度重视，提出按照循序渐进、节约土地、集约发展、合理布局的原则，积极稳妥地推进城镇化，逐步改变城乡二元结构；并将城市群作为推进城镇化的主体形态，逐步形成以沿海及京广京哈线为纵轴，长江及陇海线为横轴，若干城市群为主体，其他城市和小城镇点状分布，永久耕地和生态功能区相间隔，高效协调可持续的城镇化空间格局。

“十二五”（2011～2015 年）规划延续了“十一五”规划的战略方向，并明确提出实施区域发展总体战略和主体功能区战略的双战略，构筑区域经济优势互补、主体功能定位清晰、国土空间高效利用、人与自然和谐相处的区域发展格局，逐步实现区域基本公共服务均等化。

“十三五”（2016～2020 年）规划在区域发展总体战略的基础上，加入了现在通常提到的“三大战略性区域”，即以“一带一路”建设、京津冀协同发展、长江经济带发展为引领，形成沿海沿江沿线经济带为主的纵向横向经济轴带，塑造要素有序自由流动、主体功能约束有效、基本公共服务均等、资源环境可承载的区域协调发展新格局。

3　中国区域发展战略的实施机制和政策措施

在确定了区域发展的目标格局之后，区域发展发展战略还包括实施机制和政策措施，目标格局不同，其实施机制和政策措施也会不同。1978 年以来的中国区域发展战略的实施机制和政策措施，除了所要实现的目标格局不同之外，其最为重要的演变趋势就是不断的系统化和精细化。系统化指区域发展战略的实施机制和政策措施是由多种组成成分构成的复杂系统，这些组成系统的元素不断丰富；精细化指构成区域发展战略的各种元素不断细化、不断明确。

有关区域发展的实施机制主要包括对区域活动中各行为主体如对政府、企业、社会组织和居民的激励机制及其相互关系的协调机制，例如，政府与市场、中央与地方、地区与地区间的关系。有关区域发展的政策措施则主要包括区域类型的划分、配套要素政策（即通常所指的产业、投资、财税、环保、人才、科技、绩效考核等）和空间规划。有关区域发展的实施机制和政策措施既包括有特定区域指向的政策，也包括无特定区域指向的政策，由于全国统一适用的政策会对区域格局产生影响，例如没有地区差别的货币政策等，但如此一来，其内容将过于广泛，本文对于无特定区域指向的政策仅讨论调节中央地方关系以及地方与地方之间关系的机制和政策。

3.1 区域类型划分

区域发展发展战略实施的对象主要是不同类型的区域，这样对区域的划分就很重要，区域类型的划分本身也体现了战略意图。除了传统的行政区划分外，还需要结合区域发展战略意图来划分区域类型。表1详细列示了中国区域发展战略的区域类型划分方式，包括按照经济地带、主体功能、特殊问题和战略重点划分的区域类型，清楚地显示了区域划分的系统化和精细化进展。

3.2 配套要素政策

主要包括通常所谈到的产业、投资、财税、环保、人才、科技、绩效考核等方面的政策，这些配套要素政策是逐步明确和细化的。产业政策一直是实施区域发展战略的重要手段，起初，区域发展战略可

表 1　　中国区域发展战略中的区域类型划分

区域类型	“六五”时期	“七五”时期	“八五”时期	“九五”时期	“十五”时期	“十一五”时期	“十二五”时期	“十三五”时期
经济地带	沿海 - 内地	东部沿海、中部、西部	沿海 - 内地；东部沿海、中部、西部	东部、中部、西部	东部、中部、西部	东部、东北、中部、西部	东部、东北、中部、西部	东部、东北、中部、西部
主体功能						优化开发、重点开发、限制开发和禁止开发	优化开发、重点开发、限制开发和禁止开发	优化开发、重点开发、限制开发和禁止开发
特殊问题	少数民族地区	老革命根据地、少数民族地区、陆地边境地区、贫困地区	老革命根据地、少数民族地区、边境地区、贫困地区	革命老区、民族地区、边疆地区和贫困地区	革命老区、民族地区、边疆地区和贫困地区	革命老区、民族地区、边疆地区和贫困地区	革命老区、民族地区、边疆地区和贫困地区	革命老区、民族地区、边疆地区、困难地区和贫困地区
战略重点	以上海为中心的长江三角洲的经济区规划；以山西为中心包括内蒙古西部、陕北、宁夏、豫西的煤炭、重化工基地的经济区规划	深圳、珠海、汕头、厦门经济特区；14 个沿海开放城市和海南省	上海浦东新区		西部大开发	天津滨海新区		以“一带一路”建设、京津冀协同发展、长江经济带发展为引领

以说就是产业政策的空间落实，区域发展战略主要是通过产业的空间安排来实施的，这一特征在“六五”到“八五”期间尤为明显，当时的财政政策、投资政策基本还是围绕产业和项目落地为导向的。到“九五”时期，伴随分税制的推进，中央财政占国家财政收入比重逐步提高，中央政府协调地区发展的能力增强，财政政策的作用开始凸显，提出实行规范的中央财政转移支付制度，逐步增加对中西部地区的财政支持。“十五”时期的西部大开发在系统化区域发展战略配套要素政策方面有较大的突破，西部大开发的政策①就系统地包括了重点区域的确定、增加资金投入的政策（含中央财政和信贷支持）、改善投资环境的政策（如减按15%的税率征收企业所得税）、扩大对外对内开放的政策（包括了地区协作、外资）、吸引人才和发展科技教育的政策。“十一五”规划的配套要素政策系统化改善可以说是最为显著，在区域发展总体战略和主体功能区战略的框架下，明确提出实施分类管理的区域政策，包括针对不同所具有的主体功能和发展方向，实施有差异的财政政策、投资政策、产业政策、土地政策、人口管理政策、绩效评价和政绩考核政策。此后，又进一步细化了相关的政策，完善不同区域间的利益补偿机制。

3.3 空间规划体系

区域发展战略既具有发展规划的性质，也具有空间安排的性质，因此区域发展战略的落实不仅有按照行政区划或其他空间单元的指标管控，也需要有效的空间规划。从广义的角度讲，空间规划属于公共

① 空间规划有着庞杂的体系，包括经济区规划、国土规划、国土空间规划、主体功能区规划、城镇化发展规划、城镇体系规划、城市群规划、城市总体规划、典型地区的区域规划等，本文仅根据明确的区域发展战略来讨论空间规划。

政策，但是由于空间规划本身具有更强的综合性和空间管控的性质，本文从实施区域发展战略的角度单独讨论空间规划体系[①]。从发展的进程看，空间规划体现了跨行政区域、多层分级、紧密结合区域发展战略的特性，例如“六五”计划从国土开发整治角度提出编制以上海为中心的长江三角洲的经济区规划，以山西为中心包括内蒙古西部、陕北、宁夏、豫西的煤炭、重化工基地的经济区规划；“七五”计划提出的三级经济区网络思路和规划，推动上海经济区、东北经济区、以山西为中心的能源基地、京津唐地区、西南“四省（区）五方”地区等全国一级经济区网络的形成和发展，形成以省会城市和一批口岸与交通要道城市为中心的二级经济区网络，发展以省辖市为中心的三级经济区网络；“八五”和“九五”计划期间提出的长江三角洲及长江沿江地区、环渤海地区、东南沿海地区、西南和华南部分省区市、东北地区、中部五省、西北地区这七大经济区发展规划。这些规划分别对不同区域的发展做出了方向性的规定，但是，由于缺乏硬性约束，配套政策措施不够，实施效果很打折扣。2005 年以来，国家开始了新一轮以战略为导向的区域规划，主要包括国家级新区、重点城镇群、综合改革、跨行政区合作和对外开放等多种类型的区域规划，如关中 - 天水经济区规划、长株潭城市群区域规划等，其所针对的问题更为清晰、区域范围和类型更为确定，体现了区域指向的精细化特征，但是也带来了空间重叠、衔接不够以及实施机制不到位等问题[②]。

---

① 见侯永志、刘云中和兰宗敏（2013）：“我国‘国家战略性’区域规划的实施效果、存在的问题和改进的建议”，国务院发展研究中心调研报告。刘云中（2017）：“区域规划在区域协同发展中的作用”，载《发展战略和区域经济 2016》。

② 见 Paul Cheshire（2014），Urban Economics and Urban Policy，Edward Elgar Publishing Limited。

3.4 中央地方经济社会事务管理权限

中央地方关系构成了地方政府运行的基本环境，中央地方经济社会事务管理权限的划分是影响区域发展战略实施的重要机制。毛泽东1956年在《论十大关系》中就提出“处理好中央和地方的关系，这对于我们这样的大国大党是一个十分重要的问题”，要求“在巩固中央统一领导的前提下，扩大一点地方的权力，给地方更多的独立性，让地方办更多的事情”。1978年的十一届三中全会决议指出，现在我国经济管理体制的一个严重缺点是权力过于集中，应该有领导地大胆下放，让地方和工农业企业在国家统一计划的指导下有更多的经营管理自主权；采取多种措施，充分发挥中央部门、地方、企业和劳动者个人四个方面的主动性、积极性、创造性。总体上讲，中央地方间的经济社会事务的管理是倾向于向地方分权的，赋予地方更多的自主权。这一点应该说也与国际上过去30多年来的分权化（devolution）趋势相符①。

中央向地方转移经济事务管理权限是从增强企业活力、搞活城市经济入手的。1984年中央提出城市企业是工业生产、建设和商品流通的主要的直接承担者，是社会生产力发展和经济技术进步的主导力量，要实现经济状况的根本好转必须发挥好城市企业生产和经营的积极性、主动性、创造性，使城市企业具有强大的活力。实行政企职责分开以后，要充分发挥城市的中心作用，逐步形成以城市特别是大、中城市为依托的，不同规模的，开放式、网络型的经济区②。全国性的公司和少数大型骨干企业应该由行业主管部门直接管理，大量的企

---

① 1984年《中共中央关于经济体制改革的决定》。

② 《中华人民共和国国民经济和社会发展第六个五年计划（1981—1985）》。

业应该逐步改由城市负责管理①。即使是对于地区协作，也提出了“地区协作实行中央和地方分级管理，以地方为主的原则”②。1988 年，以“划分税种、核定收支、分级包干”为特征的财政包干办法的实行进一步地加快了财力向地方的倾斜，而且财政包干办法按照企业的隶属关系划分企业所得税，把工商企业税收与地方政府的财政收入紧紧地结合在一起。这在很大程度上刺激了地方政府发展地方企业的积极性。

1993 年召开的十四届三中全会决议和 1994 年开始实行的分税制财政管理体制试图改变地方财政收入占比较大的情形，把维护国家权益和实施宏观调控所必需的税种列为中央税，同经济发展直接相关的主要税种列为共享税，把当时税收收入最大的企业增值税被划为共享税，中央占 75%，地方占 25%；实行税收返还和转移支付制度，以调节分配结构和地区结构，特别是扶持经济不发达地区的发展和老工业基地的改造，实现财政制度的地区均等。但是同时推进的房地产市场和土地市场的改革与发展，实行土地使用权有偿有限期出让制度，由于土地市场天然具有的地方特性、国家垄断城镇土地一级市场和地方政府负有城镇住房改革与发展的领导责任③，地方政府尤其是城市政府从房地产市场和土地市场获得了巨大的收益。因此，可以认为地方政府继续获得经济社会活动管理较多权限的趋势并没有发生变化。

近年来，地方政府在促进发展经济过程出现了较多不规范的行

---

① 《中华人民共和国国民经济和社会发展第七个五年计划（1981－1985）》。

② 分别见《国务院关于深化城镇住房制度改革的决定》（国发〔1994〕43 号）和《关于进一步深化城镇住房制度改革加快住房建设的通知》（国发（1998）23 号）。

③ 如《印发〈地方政府性债务风险应急处置预案〉的通知》（国办函〔2016〕88 号）、《地方政府性债务风险分类处置指南》（财政部，2016）、《地方政府性债务风险应急处理预案》（国办函〔2016〕88 号）、《基本公共服务领域中央与地方共同财政事权和支出责任划分改革方案》（国办发〔2018〕6 号）。

为，金融风险加大，进一步划分中央和地方经济社会事务的管理责权、规范地方政府行为的要求愈见急迫，中央出台了一系列的规章制度[①]，明确了地方政府应承担的债务范围，有助于建立权责清晰、财力协调、区域均衡的中央和地方财政关系，提高地方政府动态监测、实时预警的能力，规范地方政府行为，促进区域经济的平稳发展。

关于中央地方经济社会事务管理权限的划分方式，体现了共同商量、发挥两个积极性的原则，正如毛泽东在《论十大关系》中所言："我们要提倡同地方商量办事的作风。党中央办事，总是同地方商量，不同地方商量从来不冒下命令。"至于学术理论上的探索，很多的研究从财政联邦主义、晋升锦标赛、行政发包制、逆向软预算约束等角度讨论了地方政府及其官员的行为，力图解释中央地方关系对包括区域发展在内的中国经济发展的影响[②]。

3.5 区域协作

为实现区域发展战略目标格局而实行的区域协作包括中央对地方的财政转移支付、形成跨行政区的区域经济发展区和区域横向合作机制[③]，中国的区域协作坚持"全国一盘棋"，不断地系统化和精细化。主要表现在区域协作形式由物资协作、技术协作和经济联合，细化扩展为联合兴办国家急需的建设工程，建立跨地区的农副产品、能源、重要原材料的生产基地，再到发展"飞地经济"、共建园区等合作平

---

① 周黎安：《转型中的地方政府：官员激励与治理（第二版）》，格致出版社 2017 年版；周雪光："软预算约束——一个政府行为的组织分析"，《中国社会科学》2005 年第 2 期等。

② 由于财政转移支付和形成跨行政区的区域经济发展区已经分别作为中央地方经济社会事务管理权限以及空间规划体系的内容予以讨论，这里仅讨论区域横向合作机制。

③ 如《关于进一步加强区域合作工作的指导意见》（2015）和《关于进一步加强东西部扶贫协作工作的指导意见》（2017）。

台；协作内容由建设项目扩展到科技人才合作，形成科技综合优势，发展科研生产联合体，联合开发新产品、新技术，由经济互助扩展到社会援助和生态保护补偿、资源开发补偿等；协作机制由实行合同制发展到对口支援，由倡导自愿发展为政策约束①。

4　中国区域发展战略的演进逻辑

4.1　市场化变革

中国的区域发展战略是在改革开放的大背景下讨论、制定和实施的，其自身也是改革开放的重要内容，因此，无论是目标格局还是实施机制及政策措施，其确定过程都遵循了市场化变革的逻辑。从区域发展战略和市场化之间的关系来看，市场化的逻辑包括了顺应市场、引领市场和矫正市场三个方面的线索。

区域发展战略顺应市场的主要表现是认同市场力量是促进区域经济发展、形成区域发展格局的基本力量，区域发展战略不能违背市场力量作用的基本方向。从发展战略目标格局的角度，就是经济发展的主要空间就是在市场活力最强、与国际市场最为接近的地区，例如“六五”计划确定的沿海地区、“七五”计划确定的东部沿海地区的重点发展格局。从实施机制和政策措施的角度，就是市场化环境的建设和完善，包括了市场主体的确立及其活力的释放，例如通过调整中央地方关系，富裕地方更多自主权，发挥地方政府尤其是城市政府的积极性，如“六五”计划赋予城市政府更多经济社会事务管理权的约定；通过确立企业是市场主体的地位、赋予企业包括选址在内的经营

① 可称之为发挥区域发展战略的引导作用，激发市场正外部性的发挥。

自主权，激发企业的活力；尊重市场规律，理顺价格体系，通过价格信号引导资源要素的自由流动，如“九五”计划提出的理顺资源性产品价格体系；有步骤地引导东部某些资源初级加工和劳动密集型产业转移到中西部地区，而“十一五”规划则明确将市场机制作为健全区域协调互动机制的重要内容，提出通过健全市场机制，打破行政区划的局限，促进生产要素在区域间自由流动，引导产业转移。

区域发展战略引领市场是指在确认市场力量的主要方向和趋势后，通过创造条件，助力市场，加快市场趋势的形成[①]。其在经济活动空间布局方面的主要表现是促进经济活动和产业的集聚以及集中发展，既包括向中心城市也包括向园区的集聚发展，企业和产业有集聚发展的内在要求，但常常会缺乏引导性的力量，区域发展战略常可顺势而为，指出集聚的方向，例如在“十五”计划和促进西部大开发中提出的诸多重点发展区域。还表现在合理确定区域间经济联系的基础上，通过加强有目标导向的空间网络的联系，促进区域协作网络以及城市群的发展方面。

区域发展战略矫正市场是指要应对市场失灵，克服市场自发力量所带来的负外部性，随着不同时期区域发展战略的深入实施，通过发展战略来矫正市场的内容愈见重要。这主要体现在缩小地区发展差距、扶持特殊类型地区的发展、加强生态环保、重大基础设施和重要的产业布局以及加强区域横向协作等方面。主要的实施机制有中央财政转移支付、确定主体功能区和行政主导的对口援助，这些措施在“十一五”规划期间确立了区域发展总体战略和主体功能区战略之后有明显增强。

---

① 王健：“选择正确的长期发展战略——关于‘国际大循环经济发展战略’的构想”，载1988年1月5日《经济日报》。

4.2　国际化探索

对外开放和国际化是形成中国区域发展战略、塑造中国区域经济格局的又一基本力量，中国区域经济格局的变化与对外开放的空间格局变化紧密联系。1978 年以来，中国对外开放空间格局的变化路径非常清晰，经历了由城市到区域、由沿海到内陆边境再到全方位开放、由“引进来”到“走出去”，形成“一带一路”的战略倡议，中国的区域发展战略也经历由沿海到内地、由重点发展到区域协调发展的演进。

“六五”到“八五”期间实施的东部沿海地区优先发展主要是通过对外开放来推进的。1980 年设立深圳、珠海、汕头和厦门经济特区，此后，沿海地区的对外开放区域逐步扩展。1984 年 14 个沿海港口城市和海南岛分别被确定为开放城市和开放地区；1985 年到 1987 年，珠江三角洲、长江三角洲和闽南漳—泉—厦三角地区及山东半岛、辽东半岛等又被确定为经济开放区。“八五”计划提出，在进一步办好深圳、珠海、汕头、厦门和海南省 5 个经济特区，巩固已有经济技术开发区、沿海开放城市和开放地区的条件下，重点搞好上海浦东新区的开发和开放，同时选择一些内陆边境城市和地区，作为对外开放的窗口，摸索从沿海到内地的对外开放。

“九五”期间是对外开放由沿海到内地大幅扩展的时期，这也是和“九五”计划提出的区域协调发展战略相适应的，明确提出“沿交通干线、沿江、沿边地区和内陆中心城市要发挥自身优势，加快开放步伐，发展对外经济合作，促进中西部地区的经济开发和振兴”。“十五”和“十一五”期间结合西部大开发的需求，鼓励和引导外资更多地投向中西部地区，特别是中西部地区的老工业基地改造、基础设施建设、生态建设和环境保护、矿产和旅游资源开发、优势产业发展等。

“十二五”明确提出了完善区域开放格局的措施，要求把坚持扩大开放与区域协调发展相结合，协同推动沿海、内陆、沿边开放，把均衡协调作为区域开放的一个重要目标。“十三五”则以区域发展总体战略为基础，“一带一路”建设为引领，全面推进双向开放，支持沿海地区全面参与全球经济合作和竞争，同时以内陆中心城市和城市群为依托，建设内陆开放战略支撑带，推动区域协调发展。

4.3 自主性构建

中国区域发展战略的演进是一个自主构建中国特色的过程，区域发展战略的形成体现了学术理论、政策研究和政策实践等多个群体的交流合作。从理论角度看，无论是借鉴国际流行的区域经济增长极理论、集聚发展理论、区域生命周期理论、雁阵理论，还是结合中国实践提出的梯度发展理论、点轴发展理论都深刻地影响了中国区域发展战略的形成，如来源于区域经济增长极理论、集聚发展理论的区域不平衡和集聚发展思路，来自梯度发展理论的经济地带性发展思路；从政策研究讲，很多部门结合国际形式，根据中国的政策实践提出了很多政策建议，例如国际大循环经济发展战略①的提出对沿海地区优先发展战略的影响，国务院发展研究中心及其下属的发展战略和区域经济研究部长期从事区域发展的政策研究，在不同阶段针对区域经济社会发展面临的重大战略性问题提出了系统性、前瞻性的政策建议，如20世纪90年代初对地区产业结构调整和西部发展的建议②，20世纪

---

① 马洪、房维中主编：《中国地区发展与产业政策》，中国财政经济出版社1991年版；吴明瑜主编：《九十年代中国西部地区经济发展战略》，华夏出版社1991年版。

② 国务院发展研究中心课题组：《中国区域协调发展战略》，中国经济出版社1994年版。

90 年代中期提出的中国区域协调发展思路①，20 世纪 90 年代后期对 21 世纪中国区域协调发展的思考②，进入 21 世纪之后，又对中国区域的科学发展和协同发展提出了较为完整的发展目标、实施路径和考核指标③，在一定程度上参与了中国区域发展战略的自主构建。

经过近 40 年的探索，中国区域发展已经形成了以促进区域协调发展为总体目标，以区域发展总体战略和主体功能区战略的双战略为支撑，以全国统一市场、基本公共服务均等化和普适性环保规制为基础环境，以经济地带、主体功能、特殊问题和战略重点为政策区域④，以市场机制、合作机制、互助机制和扶持机制为区域协调互动机制的整体框架（见图 2）。

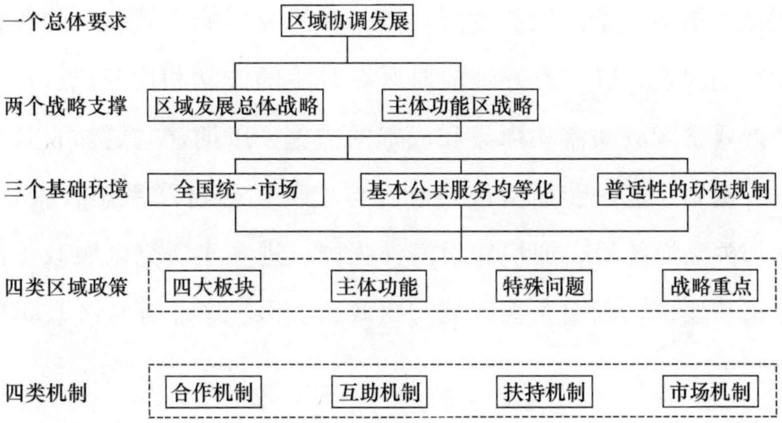

图 2　中国区域发展战略框架

注：包括北京、天津、河北、山东、江苏、上海、浙江、福建和广东。

---

① 国务院发展研究中心课题组：《中国跨世纪区域协调发展战略》，经济科学出版社 1997 年版。

② 国务院发展研究中心发展战略和区域经济研究部课题组：《中国区域科学发展研究》，中国发展出版社 2007 年版；侯永志等：《区域协同发展：机制与政策》，中国发展出版社 2016 年版。

③ 根据“十三五”规划，经济地带区域指东、中、西、东北四大板块，主体功能区域指重点开发、优化开发、限制开发、禁止开发四类主体功能区，特殊问题区域指革命老区、民族地区、边境地区、贫困地区、发展困难地区 5 类，战略重点指“一带一路”、京津冀、长江经济带 3 个战略引领区。

④ 根据《中国区域科学发展研究》改编。

5 未来展望

中国特色社会主义已进入新时代，区域协调发展战略是决胜全面建成小康社会，开启全面建设社会主义现代化国家新征程的重要战略，中国的区域发展也将面临新的变化。未来，需要继续坚持改革开放和自主探索的原则，理清有关区域发展战略目标、路径和政策措施的重要问题，需要进一步研究经济地带性特征的变化规律，更为清晰地了解中国经济东西部和南北方之间的地带性差异；进一步研究多种空间规划、多个战略引领之间的衔接机制，以期做到无缝衔接地指导各个区域的发展；进一步研究影响区域差距的长期因素和短期因素，以期更好地应对区域差距的波动和反复；进一步研究降低要素区域间流动障碍和成本的措施，以期建立更加有效的协调发展机制；进一步研究陆地和海洋之间的经济联系和管控措施，以期加强陆海统筹，加快建设海洋强国；进一步研究区域政策的战略作用和地位，以期完善区域与财政、货币、产业等经济政策的协调机制。

执笔人：刘云中

专题九

2018年我国区域经济形势和未来面临的挑战

——各省区继续呈相对差距缩小态势，区域协调发展仍面临四大难题

2018年我国经济再次出现微弱下降态势，由上年的6.8%略降为6.6%，各省区市经济增长也大多呈趋缓态势，地区相对差继续收敛，协调性继续提高；各省区市GDP总量和人均GDP相对差也继续有所缩小。2019年是新中国成立70周年，区域经济协调发展继续成为我国经济中高速增长的支撑性因素；同时，我国区域经济协调发展依然面临大幅提升区域一体化水平、进一步深化地区分工协作、有效控制发展差距以及努力增强生态环境可持续发展能力等四大难题和重大任务。

2018年我国区域经济继续显示趋向协调发展的态势。各省区已公布的数据表明，我国区域经济增长继续保持中西部省区增速多高于东部省区的基本态势，东西部省区市间相对差继续缩小。2019年是新中国成立70周年，正值中国迎来经济向现代化高收入国家和高质量发展转型的关键时期，也是世界经济百年不遇的重大变革时期。在宏观经济进入新常态、产业经济依然缺乏明显新支柱的条件下，中国区域经济协调发展呈现出巨大活力和众多热点，已成为经济持续保持中高速

增长的重要支撑。继续保持我国区域经济协调发展的良好态势，还需要克服不少困难。

1 2018 年我国区域经济发展协调性继续提高

2018 年我国 GDP 增长 6.6%，比上年略降 0.2 个百分点，再次出现下降态势。从各省区市看，21 个省区市呈下降态势，重庆下降 3.3 个百分点，降幅最大；6 个省区市逆势上升，甘肃提升 2.7 个百分点，升幅最大；其余省区市与去年持平（见表 1）。各省区市增幅范围 10.0%（西藏）~3.6%（天津），增速绝对差为 6.4 个百分点，相对差达 2.8 倍，与上年一致；增速前五位是西藏、贵州、云南、江西和青海，西藏继续保持全国第一，青海超位最多达 13 位次，一跃进入全国第五；最后五位的是辽宁、内蒙古、黑龙江、吉林和天津，反映了我国北方省区市近年来经济持续严重下滑态势还在继续。

2018 年各省区市 GDP 变化范围 9.73 万亿元（广东）~1400 亿元（西藏），两者之比为 69.5，比上年缩小 1.1，绝对差继续扩大，平均规模和中位数分别为 2.90 万亿元和 2.19 万亿元。前五位依然是广东、江苏、山东、浙江和河南；最后五位的也依然是甘肃、海南、宁夏、青海和西藏；变化是湖南、广西和山西各升 1 位，河北、黑龙江和天津各降 1 位，其余省区市位次未变。

2018 年各省区市人均 GDP 变化范围 14.76 万元/人（上海）~3.14 万元/人（甘肃），全国人均 GDP 为 6.46 万元/人，各省区市中位数为 5.31 万元/人（湖南，估算值，下同），相对差为 4.70，比上年略缩 0.03，绝对差继续扩大。前五位是上海、北京、天津、江苏和浙江，上海重回第一，北京和天津也重回第二和第三的位次；最后五位的是广西、西藏、贵州、云南和甘肃，甘肃已连续五年倒数第一，山西经济趋稳回升，摆脱了倒数五位的位次。

表 1　　2018 年我国各省区市经济发展及变化基本情况

	GDP 速度		GDP		人均 GDP（估算数）	
	绝对值（%）	排序（变化）	绝对值（亿元）	排序（变化）	绝对值（元/人）	排序
全　国	6.6		900309		64644	
西　藏	10.0	1（1）	1400	31（0）	41543	28
贵　州	9.1	2（－1）	14807	25（0）	41359	29
云　南	8.9	3（0）	17881	20（0）	37248	30
江　西	8.7	4（1）	21949	16（0）	47488	24
青　海	8.4	5（13）	2865	30（0）	47910	22
福　建	8.3	6（1）	35804	10（0）	91547	6
陕　西	8.3	7（3）	24438	15（0）	63724	12
安　徽	8.0	8（－2）	30007	13（0）	47973	21
四　川	8.0	9（－1）	40678	6（0）	48998	20
湖　北	7.8	10（3）	39367	7（0）	66700	10
湖　南	7.8	11（－2）	36426	8（1）	53098	16
河　南	7.6	12（0）	48056	5（0）	50272	18
浙　江	7.1	13（－2）	56197	4（0）	99341	5
宁　夏	7.0	14（0）	3706	29（0）	54334	15
广　东	6.8	15（1）	97300	1（0）	87116	7
广　西	6.8	16（5）	20353	18（1）	41663	27
山　西	6.7	17（3）	16818	22（1）	45430	25
江　苏	6.7	18（1）	92595	2（0）	115322	4
北　京	6.6	19（5）	30320	12（0）	139678	2
河　北	6.6	20（5）	36010	9（－1）	47889	23
上　海	6.6	21（2）	35680	11（0）	147560	1
山　东	6.4	22（－5）	76470	3（0）	76425	8
甘　肃	6.3	23（8）	8246	27（0）	31402	31
重　庆	6.0	24（－20）	20362	17（0）	66215	11

续表

	GDP 速度		GDP		人均 GDP（估算数）	
	绝对值（%）	排序（变化）	绝对值（亿元）	排序（变化）	绝对值（元/人）	排序
新　疆	6.0	25（－10）	12199	26（0）	49894	19
海　南	5.8	26（－4）	4832	28（0）	52183	17
辽　宁	5.7	27（1）	25300	14（0）	57908	13
内蒙古	5.3	28（1）	17289	21（0）	68364	9
黑龙江	5.0	29（－3）	16362	23（－1）	43185	26
吉　林	4.5	30（－3）	15075	24（0）	55483	14
天　津	3.6	31（－1）	18810	19（－1）	120807	3
最大与最小之差	6.4		95900		116158	
最大/最小之比（倍）	2.8		69.5		4.70	

资料来源：各省区市公布的 2018 年数据和 2018 中国经济社会统计公报。

从三大格局相互关系看，区域相对差距继续收敛，协调性继续提高（见图 1）。

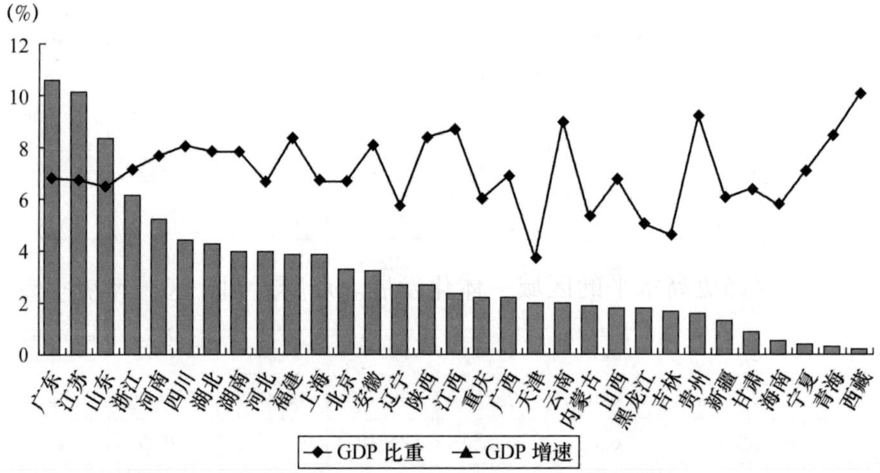

图 1　2018 年我国各省区市 GDP 速度与总量关系图

总之，2018 年各省区市发展亮点是：西藏增速连续 2 年保持全国第一；得益于国家“三区三州”扶贫战略的实施，青海、甘肃、广西和陕西等西部省区市增速表现突出；湖北、山西和江西等中部省区市表现依然良好，使中部地区继续成为全国增速最快的地区；北京、河北、上海和福建等东部省区市增速也表现不俗，成为稳定全国中高速增长的主要力量。

各省区市发展的主要问题是：东北三省（辽宁稍好一些）、天津和山东等老重工业省区市增速继续严重下滑，使我国北方地区整体出现较南方地区经济形势更加严峻的态势；中西部地区的重庆、新疆、安徽和湖南增速回落大，使中西部地区发展出现分化现象；东部地区的山东、海南、浙江和天津增速回落较大，影响了全国经济增速的进一步提升。

2 未来我国区域经济协调发展面临的主要问题与对策

2.1 全国区域一体化水平还有待提高

改革开放 40 年来，得益于城镇化长足发展和基础设施建设的巨大成就，我国区域一体化水平有了极大的提高。然而，与西方发达国家及高度一体化发展的要求相比，我国区域一体化仍存在相当大的差距，主要表现在以下两方面：一是地级及地级以上城市数量还比较少，难以支撑我国更高水平的区域一体化发展。众所周知，区域经济空间结构是由“点、线、面”三种基本形态要素组成，其中“点”是指各级规模的城乡居民点，居民点越多，特别是地级和地级以上城市数量越多，区域间联系的密度也就越高，由此决定了区域一体化水平的高低。二是现有城乡居民点体系中，还存在着许多所谓的“断头路”，严重影响了区域一体化水平的发挥。两点之间以直线最短，三点之间以“三角形”最经济。因此，构建城乡居民点之间没有断点、全覆盖的“直线三角形”交通网络体系是提升区域一体化的又一个关键。

实现高水平区域一体化需要增加地级及地级以上城市数量，并按照“直线三角形”模式构建城镇居民点之间的交通网络体系。据美国大都市圈的统计，该国拥有近600个相当于我国地级市的大都市圈（由一个人口在5万人以上的单一中心城市或若干组团城市，加上周边具有紧密联系经济社会联系的若干县域组成的“城市－区域”综合体），这些大都市圈之间都有快速的“直线三角形”交通网络相互连接。为实现我国高水平的区域一体化，需要大力增加地级市的数量，由现有的300多个增加到600多个；并通过没有“断头路”的完善的“直线三角形”交通网络将他们连接起来。目前，我国交通运输工程技术已经比较先进和发达，完全能够做到“逢山开路、遇水架桥”，为构建更高水平的区域一体化打下良好的互联互通基础。

2.2 区域分工协作体系有待进一步完善

县域是“点、线、面”三要素结合的最小单元，也是构建区域分工协作的最基本单元。按照县域“点线面”三要素结构比例，可以将县域划分为以都市为主的县域和以农业为主的县域两类，是城乡区域分工协作的起点。以都市为主的县域可称为都市县，该县域经济的主要形态是一定规模以上的城市（如20万人口以上的城市），其人口的70%以上为城镇人口，产业以制造业和服务业为主，发展方向是现代化制造业和服务业都市县；以农业为主的县域可称为农业县，该县域经济主要形态是各种类业生产及农产品加工制造业，发展方向是现代化集约高效农业县。以美国为例，拥有县域行政区划单元大约是3300多个，其中都市县只有600多个（指城区人口等于或大于5万人的单一或组团城市所在的县域），占整个县域区划数量的20%左右，其余

80% 的县域均为农业县，但这些农业县都实现了农业的规模化和集约化，是典型的以家庭为主的现代化高效农业县，其经济效益并不比现代都市县差。现代化都市县和现代农业县分别是两类县域发展的最高形态，并形成持久良好的城乡分工协作体系的基础。

借鉴美国经验，中国的地级及地级以上城市所在的县域，可视为都市县（中国实体城市边界难以划分，但县域和乡镇界线是法定的、清楚的，可作为实体城市边界划分和统计的依据；地级市所在县与其管辖的农业县构成了都市圈，也就是整个地级市行政区）。目前，我国有近 300 个地级市或地级市所在的都市县，占我国县域区划总数的约 10%，未来将增加到 600 个左右，使其占比达到 20%，与美国持平。其余近 2200 个县域为农业县，发展的方向是现代化集约高效农业。

在城乡区域分工协作的基础上，各都市县和农业县内部也需进一步分工协作，以构建多层次区域分工协作体系（参见表 2）。就都市县之间的分工协作而言，可形成如下体系：大型都市县（城市人口在 100 万 ~500 万人及以上），包括首都都市县、直辖市都市县及部分省城都市县等，重点发展现代高端服务业，如金融业、高等教育、技术研发、文化创意产业、大型物流及交通枢纽等；中等规模都市县（城市人口在 50 万 ~100 万人），包括大多数省会都市县、副省级都市县和部分地级都市县，重点发展各类装备制造业，成为武装现代化产业体系和促进结构升级的重要基地；小规模都市县（城市人口在 20 万 ~50 万人），是众多地级都市县和将成为地级市的县城及所在县，重点发展能源原材料产业、零部件配套产业以及非农产品制造业。就农业县之间的分工协作而言，其县城和建制镇主要从事农产品加工产业、部分涉农物资产品制造业和服务业；农业本身的分工主要是依据自然和区位条件，根据比较优势原理，按照规模化、专业化、区域化和现代化的要求，发展出各种种植业、畜牧业、养殖业、林业和各种特色农业等区域专业化农业生产体系。在中国，各都市县与其所管辖的农业县构成了各层级的都市圈（与行政区划上的地级市基本一致），由此形成城乡一体化的、多层次的都市圈经济区域；都市圈与城镇群一起，将成为区域分工协作的重点区域形态。

此外，矿业是各类城乡区域发展都可能遇到的惊喜或辅助性活动，由于其分布的随机性、偶然性和枯竭性（除水力、风能和太阳能等少数可再生资源外），难以作为区域长期发展所依赖的资源条件。

表 2　以县域为基本区域单元构建多层次城乡区域分工协作新体系的示意表

各层次区域	范　围	区域分工协作	占比与数量（个）	未来发展方向
县域（基本区域单元）	中国 2800 多个县级行政区划单元；美国有 3300 多个县制	可分为都市县和农业县	都市县 20%；农业县 80%	现代都市县和现代农业县
都市县	20 万人口以上城市所在县域	制造业和服务业	20	制造业和服务业现代化都市县
大都市县	首都都市县、直辖市都市县及部分省城都市县等	现代高端服务业，如金融业、高等教育、技术研发、文化创意产业、大型物流及交通枢纽等	2	
中都市县	大多数省会都市县、副省级都市县和部分地级都市县等	各类装备制造业	6	
小都市县	地级城市县和未来有可能成为地级市的县城及所在县	能源原材料产业、零部件配套产业以及非农产品制造业	12	

续表

各层次区域	范　围	区域分工协作	占比与数量（个）	未来发展方向
农业县	农业为主的县域	各种形态的农业生产及农产业加工制造业	80	以家庭农场为主的现代化集约高效农业、农产品加工制造业和农业服务业县
县城	农业县的县政府所在地	从事农产品加工产业、部分涉农物资产品制造业和服务业	80	
种养县			45	
林业县			5	
牧业县			20	
渔业县			5	
其他特色农业县			5	
都市圈（都市县及所管辖的农业县）	相当于中国的地级市	城乡区域一体化	300 多个	600 多个
大都市圈				
中都市圈				
小都市圈				
城镇群	三个及三个以上都市圈		20 多个	70 多个
单中心块状				
多中心块状				
多中心线状				
城镇群绵延带	城镇群的集群；相当于中国跨省区的一级综合经济区		5 个	7 个
矿产采掘业分布	各都市县和农业县；随机性、偶然性和遍在性	可能遇到的惊喜或辅助性产业	可能枯竭，不能作为区域长期分工的依据	

2.3 城乡区域发展不平衡问题依然突出，需要探索调控差距的新途径

在国家实施“精准扶贫”“西部大开发”“中部崛起”和“东北振兴”等一系列城乡区域协调发展战略的指导下，我国城乡区域发展相对差距已在缩小。2018 年城镇居民人均可支配收入与农村居民人均可支配收入之比为 2.69，比上年略缩小 0.02；各省区市间相对差距也有所缩小。但是，与欧美发达国家相比，我国城乡区域差距总体水平依然较大。为有效控制城乡区域发展不平衡问题，今后要在以下方面努力。

一是加速农业现代化步伐，为城乡区域协调发展打下良好基础。研究表明，区域发展差距主要体现在农村发展的差距上，城市发展的差距相对较小，因此“三农”是区域发展最薄弱的环节，只有最薄弱环节实现了现代化，整个国民经济才能实现现代化。发达国家经验也表明，城乡区域协调发展前提是农业的现代化。中美“三农”之间差距主要体现在美国拥有 200 万个规模化现代化家庭农场，而中国则有 300 多万个由平均 200 多人口近 50 家农户组成的自然村；如果中国农业要实现规模化和现代化，就需要将这 300 多万个自然村逐步改造为 300 万个规模化现代化家庭农场。

二是推进社会保障体系全国一体化统筹早日实现。彻底解决贫困人口问题和实现人均收入均等化，最终还是需要建立完善的全国统筹的社会保障一体化体系。今后，特别是 2020 年全面建成小康社会后，要继续建立和完善全国统筹的社会保障体系和规范的区域转移支付制度。

三是促进全国各地区基础设施和公共服务的均衡发展。城乡区

域协调发展首要任务是基础设施和公共服务的均衡发展。要进一步在城乡基础设施互联互通、加大农村公共服务领域的投入、降低农村居民使用基础设施和享受公共服务的成本等方面，加大政府扶持力度，以克服农村基础设施建设维护和公共服务提供的较高成本与小农经济收入相对较低的矛盾，并配合城乡生产要素自由流动和农村剩余人口转移，有效地促进城乡区域基础设施和公共服务均衡化发展。

2.4　区域生态环境可持续发展压力依然较大，要进一步落实“两山论”和绿色发展理念

在我国北方广大地区仿佛突如其来的雾霾大气污染情况下，国家及时实施了一系列空前严格的“蓝天”“碧水”和“净土”保卫战和生态修复等大型生态环境治理工程，取得了明显效果。目前，我国生态环境形势依然严峻，环境质量与国家标准的要求还有不小距离，生态环境治理力度还需进一步加强。今后，要继续在“两山论”和绿色发展理念指导下做好重点工作。一是强化资源综合利用，使资源利用“吃干榨净”，把人类活动对生态环境的破坏和冲击降到最低。加大资源综合利用先进技术研发投入，对技术推广给予有力度的政策优惠和财政支持。二是大力发展生态环保产业。生态环境治理不仅要做“减法”和“除法”，还可以也应该做“加法”和“乘法”。所谓“加法”是指在不限制经济活动总量的情况下，大力发展生态修复产业和环境治理产业。在目前的技术条件下，一些产业不可避免会产生生态破坏和环境污染；但只要生态修复技术成熟，污染治理技术达标，就应当优先考虑通过生态修复和污染治理手段，实现可持续发展，而不是强

行“关停并转”，以促进生态环保产业的发展（我国环保制度早就有“三同时”政策，要加大落实力度）。所谓“乘法”是指大力发展各种废物循环利用的“静脉产业”，一方面可消除对生态环境不利影响，另一方面又能创造 GDP 和就业。

执笔人：刘　勇

参考文献

[1] 陆大道等．中国区域发展的理论与实践．北京：科学出版社，2000
[2] 刘再兴．工业地理学．北京：商务印书馆，1997
[3] 王梦奎等．中国地区社会经济发展不平衡问题研究．北京：商务印书馆，2000
[4] W. 艾萨德．区域科学导论．北京：高等教育出版社，1991
[5] 刘勇．当务之急是构建我国完整的区域经济新体系．中国国情国力，2016，5（4）